山东省智库建设考察报告

山东省人民政府研究室　主编

中国经济出版社
CHINA ECONOMIC PUBLISHING HOUSE
·北京·

图书在版编目（CIP）数据

山东省智库建设考察报告／山东省人民政府研究室主编．
—北京：中国经济出版社，2019.12
ISBN 978－7－5136－5053－3

Ⅰ.①山…　Ⅱ.①山…　Ⅲ.①咨询机构—研究报告—山东　Ⅳ.①C932.82

中国版本图书馆 CIP 数据核字（2019）第 243061 号

责任编辑　邓媛媛
责任印制　巢新强
封面设计　任燕飞工作室

出版发行　中国经济出版社
印 刷 者　北京九州迅驰传媒文化有限公司
经 销 者　各地新华书店
开　　本　710mm×1000mm　1/16
印　　张　13
字　　数　160 千字
版　　次　2019 年 12 月第 1 版
印　　次　2019 年 12 月第 1 次
定　　价　48.00 元
广告经营许可证　京西工商广字第 8179 号

中国经济出版社　**网址** www.economyph.com　**社址** 北京市东城区安定门外大街 58 号　**邮编** 100011
本版图书如存在印装质量问题，请与本社销售中心联系调换（联系电话：010－57512564）

《山东省智库建设考察报告》
编　委　会

《山东省智库建设考察报告》
编　辑　组

出版说明

山东省人民政府研究室的主要职责是：负责起草《政府工作报告》和省政府主要领导同志重要讲话、有关综合文稿，组织或参与起草省政府向国务院汇报的重要文稿，牵头或组织、协同有关方面起草、修改省政府有关重要综合性文件稿；组织或者参与对全省经济社会发展重大问题的调查研究和决策咨询，对省政府重大战略实施、重大决策落实情况进行跟踪调研，参与省政府主要领导同志的调研活动，为政务工作提供相关服务；收集、分析、整理和报送经济、政治、文化、社会、生态文明和党的建设的重要信息、动态，综合分析研判全省经济社会发展形势，提出意见建议，为省政府决策提供参考；组织、协调全省政府系统的调查研究工作，组织社会力量开展调查研究，承办省委、省政府交办的其他任务等。

近年来，在省委、省政府坚强领导下，紧紧围绕全省经济社会发展中的重大问题和热点、难点问题，深入开展研究，组织完成了一批重要研究成果，推动形成一系列经济社会发展的建议和举措，对服务省委、省政府民主科学决策发挥了积极作用。为进一步加强成果交流应用，发挥更大社会作用，更好地服务经济社会发展，我室对近年来赴国外培训形成的研究成果进行了汇总，选出部分优秀成果结集出版发行。

这些成果汇编过程中，得到各市政府研究部门的大力支持和密切配合。在此，表示诚挚感谢！

山东省人民政府研究室

2019 年 9 月

目录

山东省政府研究室系统赴美国参加“政府政策研究与智库对策研究结合路径方法”培训报告[①]

山东省政府研究室系统赴美培训团

2017 年 9 月 10—30 日，山东省政府研究室组织全省政府研究室系统业务骨干 18 人，赴美国开展“政府政策研究与智库对策研究结合路径方法”培训，考察交流政策研究方法，学习借鉴智库建设经验。培训期间，全体人员严格遵守出国管理规定和外事纪律，牢记职责使命、强化责任担当、认真学习、积极思考、深入交流、圆满完成学习培训任务，期间没有发生任何违规、违纪现象。

一、培训达到预期目标并取得良好效果

这次培训，应美国巴尔的摩大学公共政策研究中心的邀请，主要是学习考察美国政府政策制定的基本理论、技术手段、路径方法等制度体系建设情况和组织运行情况，重点围绕其政策决策过程，尤其是社会智库、各利益相关方在这一过程中所发挥的作用、影响政府决策的方式路径等深入研讨、充分交流。培训地点为巴尔的摩大学和纽约大学，两所大学在公共政策制定和制度管理研究方面在

① 本文于 2017 年 10 月完成，被山东省外事办公室评为优秀出访报告。

美国名列前茅，既是知名智库，也是具有较高影响力的智库建设研究机构，授课老师则为两所大学相关领域的资深专家。培训期间，学员们还实地考察了卡托研究所、美国农业部、美国国家公共广播电台、纽约市长办公室数据分析办公室、纽约大学公共卫生与政策学院等智库、媒体和政府机构。总体来说，这次培训有如下特点：

一是行程安排充实。严格按照公务活动时间不低于在外日程 2/3 的要求，21 天内安排 10 天培训、4 天公务考察，共 28 个专题学习。大家充分利用课余休息时间，就培训内容深入交流心得体会，相互学习借鉴提高。同时，结合自己平时的研究领域、调研课题和关心关注的改革热点问题，有针对性地了解掌握、收集整理美国方面有关工作的开展情况和资料信息，撰写多个专题报告，“一次出行，多种收获”。

二是交流研讨深入。紧紧围绕政府政策研究与智库对策研究结合路径方法，既有政府政策研究制度、智库对策研究分析，也有公众咨询、利益平衡、质量管理等政府政策制定关键环节介绍，还有实施执行、信息化管理、媒体传播、影响评估等政策全生命周期管理的技术方法探讨，通过理论教学和案例分析，分享专家研究成果，体验政策形成过程，从不同角度深入剖析研讨，主题突出，内容丰富，形式多样。

三是收获成果丰硕。行前，学员们做了精心准备，大家统一思想认识，收集整理了许多与培训主题相关的信息资料，梳理准备了问题清单。培训期间大家积极提问，就所思所想与授课老师交流互动，不仅对美国政府政策研究制度、过程、方法等有了完整的了解，而且对美国总统特朗普上台以来的经济贸易政策有了深入的思考，更重要的是通过出访中的所见所闻、所思所悟，进一步深化了对中国特色社会主义的认识，更加坚定了道路自信、理论自信、制度自信和文化自信。

四是作风纪律严明。培训务实节俭，活动规范，严格按照规定标准安排交通工具和食宿，严格遵守因公出国经费预算、支出、使用、核算等财务制度，厉行节约，讲求实效。无论是课堂学习、公务考察还是日常生活交往，每个学员都牢记自己的职责使命，牢记共产党员身份，严格执行中央对外工作方针政策，严守外事纪律，自觉维护国家形象，体现了全省政府研究室系统同志良好的工作作风和精神风貌。

二、发挥智库作用的关键是健全、完善决策咨询体制

（一）智库是美国政府政策决策的重要参与力量

美国智库高度发达，总量排名居世界首位，在美国经济社会中地位特殊，影响巨大，与立法、行政、司法并称“四种权力”，也被称为“政府外脑”“影子内阁”。尽管各智库规模不等，类型多样，运作模式、研究领域、价值倾向等也各不相同，但按其在政府决策中的地位作用，大体可分为政府智库和社会智库两类。

政府智库由官方设立，经常直接参与决策，主要有：①总统的咨询机构，包括白宫办公厅、行政管理和预算局、经济顾问委员会、政策发展办公室、国家安全委员会、科学咨询委员会等；②行政部门的咨询机构，如卫生部、教育部、住房与城市发展部、运输部等，都设有总顾问或总顾问办公室，负责与本部门有关的法律事务、提供立法建议；③国会内的咨询机构，如参议院下属的拨款委员会、军事委员会、外交委员会、司法委员会、财政委员会、情报委员会等；④较大州的地方智库，他们有的依法律规定设立，有的按照惯例产生，主要工作范围限于地方政府。

社会智库主要由企业、财团或个人筹资成立，数量约占智库总

数的80%，且大多数集中在华盛顿特区，这里接近美国权力中心，便于影响国家政策。比较有代表性的有传统基金会、布鲁金斯学会、卡内基国际和平基金会、城市研究所等。这些智库研究领域广泛，大到军事外交战略，小到卫生医疗、社区管理等公共服务，都是其研究对象。

影响和参与政府公共决策是各类智库的最终目标，也是其价值体现。从美国智库情况看，实现这一点，最重要的就是提出原创思想和政策建议，创立理论学说，并发挥自己的专业优势，帮助政府了解问题现状，把握国内公众需求和国际事务发展趋势，制定合理的解决方案。许多智库还利用自己在某一领域的话语权，制造社会舆论，引导社会公众，帮助政府调解和处理冲突。特别是在处理外交事务问题、开展"第二外交"上，智库有独特的优势条件，它们人脉关系丰富，社会影响广泛，往往能在有关各方之间准确及时地传递信息、解疑释惑，最大限度地减少冲突风险，促进问题合理解决。美国智库的另一个特点就是高端人才聚集，周围都有不少一流的专家学者，凝聚了大批学术带头人，既为政府输送专家型官员，又为退休官员发挥余热提供了广阔平台。大多数智库也都建立了完善的人才选拔制度和成果评价机制，为年轻人才脱颖而出和优秀成果转化创造了良好的环境。

（二）决策咨询体制是智库作用发挥的重要保证

美国政治体制的鲜明特点是三权分立，其公共政策制定需经过严格规范的决策咨询程序，这为智库发挥作用提供了广阔的空间。以地方政府为例，这个过程一般有四个阶段：

一是界定问题。①问题提出，由行政长官、议员、市民团体、政府职能部门或议会专门委员会提出议案。②问题评估，由政府有关部门（或议会委员会）单独或跨部门成立议案小组，同时成立由相关专家和市民组成的咨询委员会，协助分析、制定和评估政策。

二是政策规划。①确定可以解决的问题、不易解决的问题和不能解决的问题及其相应条件，提出政策目标。②制定各种可能方案，对各种方案进行评估并选定推荐方案。

三是政策完善。①将推荐方案及其评估报告进行公告。②邀请公众参加听证会。根据听证会结果，修改并制定最终方案。③对最终方案进行评估。

四是合法化。①将评估后的最终方案提交议会或行政长官决策。这往往也需要经过较长的时间和繁杂的过程。如同议员在国会参、众两院提出议案，还需经委员会审议、全院辩论和表决委员会表决、两院协商等环节，最后经总统签署成为法律（如果总统否决或搁置，还要视情况决定生效还是作废）。②政策公布。

可以看出，决策咨询既是这一过程的重要内容，也是贯穿在全过程的各个环节，包括：公众咨询，如公众听证会、游说游行活动、新闻媒体政策辩论等。以公众听证为例，在政策完善阶段，如果方案在公众听证会上受到强烈抵制，就要重新评估、调整；在合法化阶段，对影响重大的议案，市议会（或市长）也会视情况召开一定数量的公众听证会，让公众有全面知情权、参与权、表达权和监督权；专家咨询，典型的方式有陈述、约谈等形式，两者的不同之处在于前者场合严肃庄重，而约谈形式则比较随意。事实上，智库经常在政府决策开始前就已参与其中，很多议案都是因为专家研究成果而引起有关方面的重视，进而进入了决策程序；影响评估，包括政治、经济、环境、社会等。环境影响评估主要评价政策实施对自然环境和人工环境的影响，社会影响评估包括人口、就业、公共安全、教育、卫生等因素分析，经济影响评估则是指对就业、居民收入、居民支出、生产等因素的影响。此外，还要评估政策实施对政府的收入、支出、收支平衡等财政预算的影响；质量管理，如成立咨询委员会，做详尽的调查评估等，目的就是提高研究准确性和过程效率。他们还建立包括问题认定、政策规划、政策制定、政策执行、政策评估和终结等环节的政策全生命周期管理模式，不断调整完善政策研究过程；媒体宣传，是社会公众更便捷地获取相关信息，表达自己利益诉求的重要渠道，特别是新媒体的出现，不仅为政府收集各方面意见提供了可能，也为政府发布解读公共政策，迅速接收公众意见反馈并及时调整，引导社会舆论等提供了有效手段。以上这些方面，都需要各类智库不同程度、多种形式参与，既为政府决策提供了全面、准确、专业的信息，也催生了大大小小的智库机构和繁荣的咨询服务市场。

（三）智库参与决策咨询的路径方式多样多元

正因为美国智库市场比较成熟，竞争比较充分，智库机构要参与或影响政府决策，唯有不遗余力地利用各种机会、各种渠道宣传自己的研究成果，扩大社会影响力，才能在激烈的竞争中生存、发展、壮大。其路径和手段，总体上可分为直接方式和间接方式。

直接方式包括：总统建议，美国总统在美国政策决策中的作用十分独特，他可以：①向国会提出国情咨文、预算咨文和经济咨文等，作出立法倡议，这实际上决定了国会的主要议事日程；②行使立法否决权，签署、否决或搁置国会通过的立法；③根据国会授权进行立法，等等。因此，几乎所有的智库都会主动向总统提交对策建议，试图影响总统决策。

议案参与，通过参加听证会，陈述自己的主张，或接受专业委员会的约谈，与政策研究人员面对面地探讨对策建议，是智库人员直接参与决策咨询的重要方式。有的智库人员还应邀参加专业委员会预备案件的起草，帮助议员撰写议案。

委托研究，特别是一些由政府资助建立的智库，如兰德公司、哈德逊研究所等，通过政府委托合同的形式进行相关研究。此外，还有一些与政府部门对口的智库，如对外关系委员会、税务基金会、经济发展委员会等，他们的研究方向与政府某些部门工作对应，对政策的影响也十分明显。

公开游说，尤其是那些由特定利益团体设立或资助的智库，非常热衷于向政府、媒体和社会公众游说推销利益集团的观点和主张。

间接方式，比较典型的有：著书立说，在报刊上发表文章、出版著作等，是大多数智库人员参与决策咨询的常见方式。很多智库还经常召开各种研讨会、培训、论坛等，以会议的形式同政府官员、媒体和公众交流，提升自己的影响力。

人脉关系，最典型的是通过“旋转门”，把智库精英送到政府机构任职，同时聘请退休的政府官员到智库工作。据测算，美国政府每次换届有4000多名工作人员需要更替，其中60%以上来自智库和高校。

媒体宣传，既包括博客、推特、视频等网络媒体，也包括电视、报刊等传统媒体。智库往往综合运用这些手段搭建“影响网络”，多渠道宣传推介，多形式发挥作用，在将研究成果直接送达决策机构或决策者的同时，影响社会公众，制造舆论氛围，培养民意基础，从而以间接方式进入决策咨询过程。

三、高度重视特朗普经贸政策的不确定性

美国总统特朗普的施政纲领一直备受关注，不仅引起美国社会各界的巨大争议，而且给世界经济发展带来了许多不确定因素。其政策主张坚持美国优先，打破了一些既有的规则模式，被称为“特朗普经济学”。尽管其中有些缺乏理论支撑，有些缺乏决策论证，或

仅为竞选策略需要，实施效果还有待观察，甚至可能出现根本性的调整，但这些政策在美国有坚实的民意基础，鉴于特朗普的施政风格和美国的决策体制，我们认为仍要给予高度重视、积极应对。

（一）大幅减税可能引起全球减税竞争

大幅降低企业所得税和个人所得税，是“特朗普经济学”的核心。特朗普主张，将企业所得税税率由39%降至15%以下，将跨国公司海外收入的税率降为8.75%。对企业带回美国的海外滞留利润，按10%的税率一次性征税。将个人所得税最高税率从39.6%降到33%，并将累进档从七档简化为12%、25%和33%三档。对年收入低于2.5万美元的个人和低于5万美元的家庭实行免税。将个人所得税扣除限额从6300美元提高至15000美元。特朗普认为，这有利于资本和产业回流，增加公众就业机会，降低企业运营成本，并最终带来长期的经济增长。从座谈交流的情况来看，美国社会对此评论不一，有的认为美国企业税负确实较高，此举既可为企业减负，也可能带来新的重大技术创新突破，特别是一些中产阶级，普遍认为唯有减税才能促进社会公平。但也有人认为，减税只会让少数人受益，且与经济增长没有必然的联系，当前美国经济正处于反复期，减税只会给经济复苏带来不利影响。国际社会则普遍担心这将引起全球减税竞争，使各国企业所得税降到不合理的水平，而且随着美国经济发展，全球资金会加速涌入美国，给各国货币带来贬值压力，造成各国国内货币市场流动性紧张。德国、法国等国家明确表示反对特朗普税改计划，英国则宣布到2020年将企业税下调至17%。

（二）贸易保护政策会加剧贸易摩擦

特朗普认为，贸易逆差是造成美国国内资源和工作岗位流失的主要原因，他主张采取强硬的贸易保护政策，退出北美、亚太及世界范围内的自由贸易协定，向墨西哥、日本、德国等国家施压减少贸易逆差，对所有进口货物征收20%的关税，特别是对中国和墨西哥征收45%的关税，等等。2016年8月18日，特朗普正式授权对中国发起301调查。尽管美国国内也有很多人认为中美之间爆发全面贸易战的可能性较小，但短期来看，两国贸易摩擦将不可避免，可能会对中国部分商品出口带来一定的冲击。特别是电信设备、自动数据处理设备、部分机械产品、金属及金属制品和纺织、服饰、皮革和鞋类等，美国对这几类中国商品的进口依存度都在40%以上，占美国从中国进口总额的60%以上、贸易赤字的80%以上。山东省出口产品遭受美国贸易抵制近年来也呈上升趋势，仅2016年美国对中国卡车及公共汽车轮胎发起的反倾销、反补贴调查，山东省涉案金额就达13.8亿美元。山钢集团等3家企业则被列入美国碳钢与合金钢产品337调查控诉名单。贸易保护限制已成为影响山东省对美出口的重要因素。

（三）产业回迁将增强资本回流美国动力

特朗普主张“再工业化”，将“流向海外的制造业就业机会重新带回美国本土”，他还主张重新审视能源政策，取消对能源行业的限制，大力发展石油和天然气等传统能源，认为这将重振美国工业和制造业，创造就业机会，提升就业率。在座谈交流中，很多人尤其是民主党人认为特朗普的产业回迁不会成功，因为制造业最重要的是成本，在技术进步、资本流动、全球化分工的背景下，只会加速向低成本地区转移，在缺乏人力资源和完整产业链的背景下，很难获得太大的成就。综合来看，尽管美国人力成本较高，但自动化技术应用和生产效率优势明显，能在很大程度上弥补人力成本差距。随着新兴市场国家的人力成本不断上涨，这一优势将愈加明显。事实上，美国制造业资本回迁早已初显端倪，2013—2015年资本流出下降16.3%，流入则上涨184.0%。特朗普的产业回迁政策，为制造业资本进一步回流提供了新的机遇和动力。这也得到了许多跨国公司的积极响应，如软银、富士康等都已承诺加大在美投资力度，仅富士康就至少投资100亿美元，提供了1.3万个就业岗位。

（四）基建投资将推高美国债务水平

美国基建非常完善，但特朗普为振兴早已衰落的制造业，反而主张财政向基建扩张，资金投入额将高达5000亿美元以上，包括重建公路、高速公路、铁路、桥梁、隧道、机场、排水系统和电网，并以此创造更多的就业机会。社会普遍关注的是，美国目前财政赤字增加，在大幅减税背景下，如果联邦政府再去投资基础设施建设项目，可能带来债务和赤字螺旋式上升的风险，这将稀释现有债务的实际价值，实现债务货币化。同时，美国大规模基础设施建设也会导致全球大宗商品需求增加，这有利于大宗商品原材料价格的上涨，给相关出口国增加外汇收入，但大宗商品价格的上涨，对于需要从全球进口大宗商品和原材料的国家来说，所需外汇将会增加，外源性通货膨胀也不可避免。

（五）金融货币政策前景不明朗

尽管美联储作为美国金融货币政策核心决策部门具有相对独立性，但美国总统对其主席和理事任命拥有提名权。历任美国总统为稳定金融市场，树立公众信心，在选择美联储决策者时都会保持一定的连续性。特朗普竞选期间则多次抨击美联储的货币政策，认为长期的低利率政策可能会造成资产价格泡沫和股市虚假繁荣。同时，他认为严格的金融监管政策不仅提高了监管成本，而且抑制了市场活力，为此，需要重新审视金融监管制度，废除《多德—弗兰克法案》（该法案是2008—2009年全球金融危机后，奥巴马政府出台的20世纪30年代以来最全面、最严厉的金融监管法案），恢复商业银行的自营交易。特朗普在2017年7月提名的美联储新理事之一，也主张限制美联储职能，重新评估《多德—弗兰克法案》。随着美联储主席明年任期届满，特朗普对美联储新任理事和主席的提名，可能会使美联储失去相对独立性而更具特朗普色彩。能否保持美联储决策层和政策的连续性，是否会引发美联储政策彻底转向，成为国际市场普遍关心的焦点问题。

四、启示、思考与建议

（一）始终坚定“四个自信”，决胜全面建成小康社会

改革开放以来，中国经济社会发展取得了伟大成就，不仅创造了举世瞩目的经济奇迹，更重要的是探索并建立了中国特色社会主义理论、道路、制度和文化，这是当代中国发展进步的根本保障，也拓展了发展中国家走向现代化的途径，给世界上那些既希望加快发展又希望保持自身独立性的国家和民族提供了全新选择，为解决人类问题贡献了中国智慧和中国方案。近年来，中国连续成功应对洪水、地震等重大自然灾害，抗击“非典”、禽流感等重大疫情，组织载人航天、高速铁路等重大科技攻关，中国特色社会主义理论、道路、制度和文化的优势更加突出，中国共产党总揽全局、协调各方，集中力量办大事的核心作用更加明显。美国重大政策的决策过程更多是利益相关方的博弈妥协，其结果往往与决策初衷相差甚远甚至背道而驰，执行过程也经常因各方面掣肘而效率低下。如在座谈中我们了解到，美国国会一项提案从动议到立法，往往要经过烦冗复杂的程序，最快也要半年。而美国至今未能修建高铁，很重要的原因就是航空、汽车、筑路、石油等利益集团的强烈阻挠。许多授课教师提到，在美国要办成一件事情非常不容易，例如，修一条简单的高速公路需要谈判协商的事项达上百个，花费10多年也不一

定能完成。

同时大家也认为，尽管中国经济社会发展取得了历史性变革，但仍处于并将长期处于社会主义初级阶段的基本国情没有变，无论是基础设施建设还是文化软实力，与美国等发达国家相比都还有一定的差距。特别是在资源环境方面，总量不丰富且空间分布不均衡的问题越来越明显，对经济社会发展的约束越来越突出。反观美国，其自然条件优越，科技实力雄厚，未来一段时期仍将继续保持世界领先地位。面对这种情况，我们应当保持清醒的头脑，警惕“捧杀”与“唱衰”，既不能因为发展成就而沾沾自喜，也不能妄自菲薄全盘西化。必须保持政治定力，始终高举中国特色社会主义伟大旗帜，全面贯彻习近平新时代中国特色社会主义思想，进一步坚定道路自信、理论自信、制度自信和文化自信，更好地坚持和发展中国特色社会主义，唯有如此，才能有效应对各种风险挑战，破解改革攻坚难题，夺取新时代中国特色社会主义的伟大胜利，实现中华民族伟大复兴的中国梦，实现人民对美好生活的向往。山东省是经济大省、人口大省，在国家整体发展格局中的地位举足轻重，在决胜全面建成小康社会进程中必须大有作为，也必定大有作为，更应该深刻领会习近平新时代中国特色社会主义思想的精神实质和丰富内涵，切实增强政治意识、大局意识、核心意识、看齐意识，自觉维护党中央权威和集中统一领导，自觉在思想上、政治上、行动上同以习近平同志为核心的党中央保持高度一致，牢牢扛起“走在前列”的使命担当，锐意进取，砥砺奋进，实现创新发展、持续发展、领先发展，推进经济文化强省建设向更高水平迈进，在全面建成小康社会进程中走在前列，为全国发展大局做出更大的贡献。

（二）建好中国特色新型智库，服务经济社会发展大局

尽管美国智库有许多可借鉴之处，但也存在很多短板和不足。

特别是由于竞争过度激烈，很多智库为获得稳定的经费来源和生存空间，其政策研究过程和结果往往受到利益集团、政治团体、经费支持者、研究人员价值倾向等因素的影响制约。在政府决策咨询过程中，一些决策者也往往选择与自己施政理念、政策主张相近的智库人员进行专家咨询，从而使其所谓的独立性、专业性大打折扣。智库发展与决策咨询体制紧密相关，智库建设必须基于本国国情。建好中国特色新型智库，既要看到中国智库建设的不足，借鉴美国智库建设模式、研究方法、成果转化等方面的长处，也应当看到中国智库在运作方式、政治环境等方面与美国的诸多不同，发挥好中国智库数量规模、人才队伍、学术影响力等方面的优势。目前，山东省已初步形成了以党政机关研究部门、社科院和党校行政学院、高校为主，其他社会智库为辅的智库发展体系，建立了以山东省智库联盟为代表的共享协作机制，新型智库建设试点工作有序展开，智库队伍建设也被纳入全省高端人才战略，可以说有利于各类智库竞相发展的良好环境正在形成。下一步，应当全面贯彻落实中办、国办《关于加强中国特色新型智库建设的意见》和省里的实施意见，加快构建有中国特色、齐鲁气派的新型智库发展新格局，打造更多的国内一流高端智库。首先，加强政策支持，鼓励吸引更多的社会资本和人才参与社会智库发展，建立多元智库体系。其次，壮大主流智库力量，以党政部门研究机构和社科院、党校行政学院、高校、科研院所等为重点，深化管理体制和运行机制改革，着力提升咨政建言、理论创新、舆论引导、社会服务等功能。如强化大数据应用，准确把握事物趋势规律和发展动态，提高课题研究的战略性、前瞻性。再次，重视新闻媒体利用，加强政策解读培训，准确反映社情民意，及时引导社会舆论，使其真正成为政府与社会、与公众政策沟通的桥梁等。最后，发挥好山东省智库联盟等作用，鼓励各类智库尤其是党政部门研究机构与社会智库加强协作配合，建立开放式调研机制，探索政府政策研究与智库对策研究结合的路径与方法，如重大课题联合研究、订单委托研究、购买智力服务等，整合各方智慧，形成决策服务合力。需要特别强调和突破的，就是鼓励各类智库深化与美国智库的交流合作，在借鉴其先进经验，引进高层次人才和智力资源的同时，加快各类研究机构“走出去”的步伐，更好地发挥舆论影响、政策咨询和“第二外交”功能，提升话语权和影响力，通过与美方智库建立良好的沟通协作机制，加深美国政府、官员和人民对中国的正确认识和理解，减少误解误判和偏见，最终影响美国政府对华政策，为构建两国新型大国关系清除障碍。

（三）加快新旧动能转换，再造产业竞争新优势

尤其是制造业，经过多年高速发展，中国已经建立了比较完整的体系和产业链条。但整体而言，大多数行业还处于价值链低端。特别是在美国培训期间，令大家印象尤为深刻的是，高速公路上的汽车满眼都是日本品牌，而商场超市里卖的衣帽服饰等小商品满眼都是中国制造。这充分说明，依靠资源要素投入和人力成本，仍是中国制造业的主要特征。当前，新一轮产业革命正在孕育之中，以人工智能、物联网、大数据、云计算、机器人技术等为代表的颠覆性技术正迎来突破的关键节点，制造业已引起世界各国包括发达国家的高度重视，美国“再工业化”“制造业复兴”“先进制造业伙伴计划”，德国“工业4.0”，日本“再兴战略”，韩国“新增动力战略”，法国“新工业法国”等，无一不是抢占制造业制高点的战略举措。山东省是全国重要的制造业基地，2016年山东省规模以上制造业实现主营业务收入14.1万亿元，占全国的比重为13.6%。2017年中国民营企业制造业500强榜单中，山东省内企业则占据70席。山东省制造业“大而不强”的问题也较为突出。如2016年高技术产

业占比仅为33.75%，装备制造业占比仅为29.4%。制造业是提高区域竞争能力的主要载体，是山东省建设经济文化强省的关键领域。必须加快转型升级步伐，深入实施《中国制造2025》《〈中国制造2025〉山东省行动纲要》、省工业转型升级行动计划和22个实施方案，着力深化供给侧结构性改革，着力提高技术创新能力和装备水平，加快关键领域和核心技术突破，加速创新成果转化，变要素驱动为创新驱动，培育壮大新一代信息技术与装备、高档数控机床和机器人、海洋工程装备和高技术船舶、轨道交通装备等10大装备制造业和新材料、新医药、纺织服装等10大优势特色产业，通过发展新技术、新产业、新业态、新模式，拉长产业价值链，构建产业新体系，实现制造业的产业智慧化、智慧产业化、跨界融合化、品牌高端化，推动产业整体迈上中高端水平，推进山东省由制造大省向制造强省跨越。

（四）深化分配制度改革，培育壮大中等收入群体

中产阶级是稳定器、蓄水池，在经济社会发展中的地位举足轻重。特朗普赢得大选，很大程度上就是赢得了广大中产阶级的支持。如其贸易政策有43%的选民表示赞同，这主要是因为中产阶级家庭在全球化中受益较少，收入一直下降，但失业率、离婚率却大幅上升，大多数人都为就业、薪酬以及自身未来感到担忧。再如强调纳税人优先的预算案，“补充营养救助项目”经费减幅达29%。该项目是为了保障困难家庭不饿肚子，但与2000年6%的美国人参与相比，2013年这一比例已扩大到15%，2016年保障的人口达到4400万人，其中不乏很多有工作能力的人，这引起中产阶级的强烈不满。这次培训邀请的授课老师大都是中产阶层，他们谈到这个问题都很气愤，认为自己的收入很大一部分就是让这些受保障的困难家庭拿走了。我们认为，出现上述问题，根源就是美国收入分配制度“失

灵”，社会财富越来越向少数人聚集，绝大多数中低收入民众的财富越来越少，从而导致中产阶级的日渐萎缩，2015 年中产阶级占美国成年人口比例已经跌破 50%。而中国 2000—2009 年中等收入阶层年均增长 3.8%，预计到 2020 年规模将达 47%，2023 年超过 50%。这很大程度上得益于中国在完善社会保障制度的基础上，持续不断地深化分配制度改革，形成了兼顾效率与公平的分配体系。山东省近年来则着重在补短板、抓规范、促公平上下功夫，调整优化财政支出结构，加大区域分配调节力度，着力提高城乡居民收入水平，连续 19 次调整企业工资指导线，连续 12 次调整企业退休人员养老金，2016 年人均可支配收入达到 24685 元，比全国平均水平高 864 元，有力保障了人民群众生活水平和生活质量。习近平总书记在党的十九大报告中指出，要“鼓励勤劳守法致富，扩大中等收入群体，增加低收入者收入，调节过高收入，取缔非法收入；坚持在经济增长的同时实现居民收入同步增长、在劳动生产率提高的同时实现劳动报酬同步提高”，这为深化收入分配制度改革指明了方向，提供了根本的遵循依据。具体到山东省，一方面，要在发挥市场机制作用的同时，更好地发挥政府对收入分配的调控作用，千方百计增加城乡居民收入，普遍提高人民的富裕程度；另一方面，要规范收入分配秩序，扩大保障范围，提高保障水平，扎实推进精准扶贫、精准脱贫深入开展，努力缩小城乡、区域、行业收入差距，加快形成两头小、中间大的“橄榄型”收入分配结构，维护社会公平正义与和谐稳定，实现发展成果由人民共享。

（五）积极扩大改革开放，提升国际贸易话语权

众所周知，一国贸易逆差的形成原因是多方面的，既由经济结构、产业竞争力和国际分工决定，也受到贸易统计制度、进出口管制等因素的影响。从美国制造业占 GDP 比重一直保持稳定的情况来

看，“真正让美国人失去工作机会的是科技和制造业生产效率的提高，而不是贸易”。这也充分说明，无论是发达国家还是发展中国家，面对贸易自由化、经济一体化等世界发展趋势，都应该“中流击水”,提升核心竞争力，直面风险与挑战，而不是“急流勇退”“因噎废食”“闭关自守”。特朗普的保守贸易政策，给全球贸易带来了不确定性，但也为中国与其他新兴经济体提升贸易话语权提供了难得的机遇。特别是对山东省来讲，第一大贸易伙伴、第一大出口市场和第三大进口市场、第四大外资来源地都是美国，受特朗普贸易政策的影响尤为显著。应充分利用这一倒逼机制，加快转变外贸发展方式，优化进出口商品结构，全面提高山东省企业参与国际竞争与合作的能力。一方面，坚持以中国为主，加强贸易形势研判，及时制定应急预案，有效预防、化解贸易摩擦，维护和发展中美合作的良好局面。另一方面，在巩固欧美传统贸易市场的同时，积极拓展新兴国家市场，健全与东盟、南亚等国家合作交流机制，发展澳新、南美、非洲等国家和地区市场，分散贸易风险。更为重要的是，要加快改革开放步伐，对内融入京津冀协同发展、长江经济带战略，抢抓区域发展新机遇；对外对接“一带一路”倡议，积极参与国际贸易规则、技术标准等的制定，提升山东省企业在国际分工中的市场地位。在这方面我们既有区位优势，也有文化资源优势，关键是要完善顶层设计，统筹经贸文化交流活动，把与有关国家的合作推向更高水平、更深层次、更广范围，打造政治互信、经济融合、文化包容的利益共同体、命运共同体和责任共同体，为双方经贸健康持续发展提供长效机制、营造良好的环境。

（六）加强省州友好交往，拓展中美合作空间

美国是高度分权的联邦制国家，州作为相对独立的经济政治实体，拥有很大的权力和较高的自主性，在美国经济社会发展中的地

位作用非常独特。从法律地位看，美国宪法规定联邦政府和州政府在地位上是绝对平等的。从权力分置情况来看，联邦政府职责更多地体现在政治、经济、军事和外交方面，而州政府除了外交及军事，几乎就是独立的“国家”：有自己的法律、税收、警察、教育、选举制度，有处理本州工业、商业、交通、卫生、文教及一般民事、刑事案件等州内事务的权利，同时不受联邦政府的干扰。从行政关系看，联邦官员由全国选出或联邦政府委派，各州的官员则由州选出或州政府委派。也正因如此，才会出现总统不能管州长、各州之间法律相互打架等现象。这也决定了中美合作必须从各州的情况出发，把省州经贸合作作为重要基础，这比联邦政府推动更加务实有效。目前，山东省已与美国的康涅狄格州和得克萨斯州结为友好省州，与加利福尼亚州、佐治亚州等 10 多个州开展了交流与合作，取得了良好成效。在特朗普给中美关系带来较大不确定性的情况下，应进一步深化与美国各州政府的交流合作，充分利用好国家及省里现有的省州合作机制和平台，扩大友好省州、姊妹城市范围，拓展合作领域，创新合作方式，紧密围绕新旧动能转换重大工程和全省区域经济发展战略，加强与有关州在高端装备制造、高端化工、海洋经济、现代农业等方面的产业对接和贸易往来。同时，深化人文交流合作，发挥齐鲁文化优势，推动齐鲁文化“走出去”，讲好中国故事、山东故事，为中美关系发展创造良好的环境，夯实中美合作基础，造福两国人民和世界人民。

美国农业发展对振兴乡村的启示

济南市政府研究室副主任　刘庆霈

根据组织安排，笔者参加了山东省政府研究室组织的赴美国学习培训。这次学习收获颇丰，特别是学习考察美国农业发展的经验，对实施乡村振兴战略很有启发。

一、美国农业发展特点

美国的国土面积为937万平方千米，耕地面积约占国土总面积的20%，人均接近0.6公顷，务农人口约占总人口的1%。美国自然资源丰富，为农业的发展提供了得天独厚的条件，大部分地区雨量充沛而且分布比较均匀，平均年降雨量为760毫米；土地、草原和森林资源拥有量均位居世界前列，土质肥沃，海拔500米以下的平原占国土面积的55%，有利于农业的机械化耕作和规模经营。美国拥有巨大的粮食储备，谷物的结转库存占世界第一，近年来接近世界库存总量的1/3。美国的畜牧业和种植业并重，在美国的农业总产值中，种植业占52%，畜牧业占48%，畜产品在世界上占有巨大份额。美国农业的生产方式和生产力水平都处于世界最发达之列，这得益于其得天独厚的农业资源禀赋，更与经历百年的历史演化和市场竞争所形成的农业及相关产业的组织结构和经营机制、有竞争力的生产方式等密切相关。尽管农业增加值只占GDP的1%左右，但美国仍是世界上农业最发达的国家。主要有以下特点：

一是政策体系较为完善。美国作为移民国家，只有200多年的历史，但其农业部在1862年成立的时候就明确定位“农业是制造业和商业的基础”。随着工业的发展，农业在美国经济中的比重逐渐下降，但政府对农业采取了支持和保护的政策，使农业成为美国在世界上仍具竞争力的产业。美国农业支持政策源于20世纪30年代的“罗斯福新政”，经过几十年的发展，目前形成了庞大的农业政策体系，内容涵盖资源保护、农业科技发展、农业价格和收入支持、农业信贷、农业税收、农产品对外贸易等，但农业补贴始终是农业政策的核心，在促进美国农业发展、提高美国农业竞争力等方面起着重要作用。

二是农业生产集约化程度较高。美国1826年制定了“宅地法”，奠定了家庭农场的基础。美国农场以家庭农场为主，公司型的农场越来越少。据统计，美国属于公司性质的农场有9.6万个，合作农场为17.4万个，而家庭农场则有190万个，农场占地面积为9.2亿英亩，平均每个农场的面积为418英亩，大约2400亩。美国220多万户的农场中，有350多万的农业劳动力，每个农场的劳动力平均为1.6个，生产的农产品占全美农产品生产量的79%。

三是专业化种植区域集中。美国充分利用不同地区的自然条件，通过科学分化，使农业生产实现了地区生产的专业化，形成了一些著名的生产带，如玉米带、小麦带、棉花带等。早在1914年，美国农业就已经在很大程度上实现了种植专业化，这种格局保持至今。经过多年的区域发展、优势布局，美国农业已形成各种特色鲜明的产业带、产业链。这种区域分工使美国各个地区能充分地发挥各自的比较优势，有利于降低成本，提高生产率。通畅的运输网更进一步促进了区域分工专业化生产，而区域分工和专业化生产也有力地推动了附近地区相关产业的迅速发展。

四是农业机械化全面普及。早在 20 世纪 40 年代，美国就领先世界各国实现了粮食生产机械化。20 世纪 60 年代后期，粮食生产机械化水平更加提高，达到了土地耕翻、整地、播种、田间管理、收获、干燥等全过程机械化；70 年代初完成了棉花、甜菜等经济作物从种植到收获各环节的全面机械化，当前依然在种植业、工厂化畜禽饲养、设施农业、农产品加工等方面保持世界先进水平。目前，美国农机的生产、科研部门正在研究推广把卫星通信、遥感技术、电子计算机等技术应用到拖拉机等农机具上，实现农机的无人驾驶、自动操作、自动监控等，使各种农业机械能更准确、迅速地实现耕地、播种、施肥、除草、除病虫害等作业。生产的机械化辅之以管理的科学化，将农业生产效率大大提高。

五是农产品产销一体化。美国的农业体系被称作“农工综合企业”，在这个体系里就业的人数占全国劳动力的 17%，大大高于农业本身所吸收的劳动力。美国把在工业部门中成熟的管理办法、经验引入农业，形成生产、加工、销售一体化，实现产业化经营。如在食品产销系统，就包括农业投入物的供应，农产品的收购和加工、批发、零售以及餐馆等，形成了“从田间到餐桌”的完整体系。经过对农产品精选、加工、包装后销售，农产品价值能提高 1 ~ 10 倍。

六是农业科技广泛应用。先进的科学技术是美国高生产率的坚实后盾。美国的经济实力使它始终保持农业技术的领先地位。在保护环境、提高环境质量的前提下，最有效地利用和节省资源，提高农业产量和利润，改善农产品的品质，保持农业在国际市场上的竞争力。目前，基因工程、细胞工程、酶工程和发酵工程等农业生物新技术已得到广泛应用。

二、美国农业发展的做法

美国从一个移民国家发展成为当今世界的农业大国，除了良好的资源条件，国家政策也起到重要作用。

（一）用农业立法保障农业的发展

在几十年里，美国国会通过了大量有关农业的法律，形成了比较完整的指导农业和农村发展的法律体系。立法是政府制定农业政策、实施农业计划的基础，后者必须以法律为依据。各项农业法律不仅规定了政府对农业政策的基本取向，而且规定了政府干预经济发展的基本权限，政府行为只能限定在法律规定的范围之内。据美国农业部官员介绍，美国自 1933 年颁布的农业调整法至今，历经近 80 年的变迁，已形成以农业法为基础和中心、100 多部重要法律相配套的比较完善的农业法律体系。美国政府每 5～6 年就会对相关法案进行更新。在法案的变迁中，政府既充分尊重市场运行机制的支撑作用，尊重农业生产发展的内在规律，又强调政府的功能与作用，使新法案从原来集中的政府对农产品价格和产量的控制逐步转变为对农户的价格补贴，从而保障了美国农业的持续快速发展。

（二）政府对农业进行比较有效的宏观调控

作为发达的市场经济国家，美国主要依靠市场力量对资源进行合理配置。20 世纪 30 年代严重的农业危机迫使罗斯福政府实行新的农业政策，开辟了经济干预的先河。此后，美国农业在国民经济中所占的份额虽在不断下降，但政府仍然重视农业的基础地位，对农业采取了有力的价格保护和收入支持政策。美国农业的宏观调控有三个特点：一是有专门政府调控职能的机构（商品信贷公司），并建立了巨大而灵活的联邦储备体系；二是有充足的财政支持，联邦政府用于农业支持的经费，最高时每年超过了 250 亿美元；三是政府实行农场主“自愿”的农业计划，并用价格、信贷、补贴等手段予以有力的配合。

（三）对农业发展实行有力的资金支持

美国的农场经营基本上是私人投资。农场主解决资金问题，主要有两个途径：一是政府的农产品抵押贷款计划，即如果在作物收获之后价格偏低，则农民可以用农产品进行抵押而不偿还贷款；二是政府提供信贷担保。农业贷款期限短则 1 ~ 5 年，长则可达 40 年，利率都比较低。不过，在农业发展早期，与农业发展有关的基础设施，因为投资大、收效慢，曾经是政府投资的重点。联邦政府在 1933 年成立了田纳西流域管理局，对该流域进行了综合治理，不仅控制了洪水，而且提供了廉价的电力，收到了巨大的经济和社会效益。美国政府对农业投资实行税收优惠，税收减免可达到应税收入的 48%。农业投资被认为是农场主合法的“避税所”。美国实行的作物保险制度也有利于农业发展。美国农业信贷委员会向农民或合作社提供低息贷款、税收优惠和其他综合服务，帮助农民从事农业生产和销售。美国政府将全国分为 12 个农业信贷区，每个农业信贷区设有一个农业信贷委员会，负责结合本区具体情况，制定适应当地生产需求的农业信贷政策，有效地保障了农业信贷资金的高效运行。

（四）重视科教科技对农业发展的支撑

美国政府一直把农业的研究和技术推广作为自己重要的职责。1862 年，联邦政府通过了赠地学院法案，规定用出售公地的收入作经费，每个州至少建立一所开设农业和机械课程的州立学院。1877 年通过《哈奇法案》后，由农业部、州和州立大学农学院共同领导的农业试验站逐渐发展成为农学院的一个组成部分。1914 年通过的

《史密斯—利弗法案》，则为农业技术推广事业的发展奠定了基础。这样，通过立法，形成了农业教学、农业科学研究和农业推广三者密切结合的“三位一体”体系，有力地促进了美国农业科技的研发推广。

（五）注重发展服务型的农业合作社

农场主合作社在美国的一体化农业服务体系中占有重要地位。在家庭经营占绝对优势的美国，为了解决单个农场难以办到的问题，需要非营利的合作社提供各种服务，降低生产成本。农业合作社提供的服务，一是销售和加工服务。这类合作社是沟通农场主和市场的重要渠道，拥有多达几百万名社员，销售总额超过千亿美元。销售的农产品中，最主要的是牛奶，其次是谷物和油子，同时也有水果和蔬菜。这类合作社的业务不仅包括产品的集中、储存到谈判价格、组织拍卖等各个环节，而且进行深加工，生产出可供直接消费的产品，为农场主获取尽量多的利润。二是供应服务。这类合作社提供多功能的服务，包括销售石油产品、化肥、农药、饲料、种子、农机及其零配件等，在全国农业投入物市场中占有相当可观的份额。此外，它们还提供种类繁多的科技服务，如土壤测试、防疫、育种、奶牛改良、作物监测直到经济核算和法律咨询。三是信贷服务。在农场主所得的贷款中，合作系统占有的份额越来越大。目前农业合作信贷体系提供的贷款已占全部农业贷款的2/5，包括季节性经营贷款、弥补周转金不足的中期贷款、用于基本建设的长期贷款和支持出口的贷款四大类。四是农村电力合作社和农村电话合作社。五是服务合作社，这是除了上述几类专门从事某些服务的合作社，如运输、仓储、烘干、灌溉、火灾保险等。

三、对乡村振兴的启示

党的十九大报告创造性地提出了实施“乡村振兴”战略，确立了从根本上解决“三农”问题的指导思想和工作方针。中央农村工作会议深入贯彻党的十九大精神、习近平新时代中国特色社会主义思想，全面分析“三农”工作面临的形势和任务，对当前和今后一个时期的农业农村工作进行了全面部署。“他山之石，可以攻玉”，美国的农业发展经验，对实施“乡村振兴”战略有一些有益的借鉴。

（一）要不断深化农村改革

通过深化农村改革，大力推进体制机制创新，强化乡村振兴的制度性供给。以完善产权制度和要素市场化配置为重点，激活主体、激活要素、激活市场，增强农村改革的系统性、整体性、协同性。当前，深化农村改革的重点任务，一是深化农村土地制度改革。改革的重点是完善承包地“三权”分置制度，在坚持农村土地集体所有权的前提下，使承包权和经营权分离，形成所有权、承包权、经营权三权分置，经营权流转的格局。党的十九大报告在强调保持土地承包关系稳定并长久不变的基础上，第一次明确提出第二轮土地承包到期后再延长 30 年。这不管是对土地的原有承包者，还是对土地的实际经营者，都给他们吃了长效定心丸。二是深化农村集体产权制度改革。改革的重点是探索农村集体所有制经济的有效组织形式和实现方式，明晰集体产权，盘活集体资产，保障农民财产权益，有效增加农民的财产性收入，壮大乡村集体经济。三是要深化农产品收储制度和价格形成机制改革，深入推进农业农村“放管服”改革，破除一切束缚农民手脚的不合理限制。

（二）要加快推进农业现代化

推进农业现代化，首要任务是确保国家粮食安全，坚持立足国内保障自给的方针，确保谷物基本自给、口粮绝对安全，要把中国人的饭碗牢牢地端在自己手中，使自己的饭碗主要装自己生产的粮食。一是要构建现代农业生产体系、产业体系、经营体系，以延长农业产业链、健全农业社会化服务为主要内容加快构建现代农业产业体系，以现代农机装备和科学技术为主要手段加快构建现代农业生产体系，以新型农业经营主体和适度规模经营为主要途径加快构建现代农业经营体系；二是要坚持深化农业供给侧结构性改革的主线，通过多层次的农业结构调整与优化，减少低效和无效供给，扩大有效供给，提高农业供给质量和效率，更好地满足消费者的多样化需求。三是积极促进农村第一、第二、第三产业融合发展，使农村第一、第二、第三产业在同一农业经营主体下交叉融合，或者是在具有紧密利益联结机制的不同市场主体之间实现融合，实现农产品产加销、农工贸一体化，推进农业延长产业链，融入供应链，提升价值链，最终让农民更多地分享第二、第三产业创造的价值增值和收益分配。

（三）要建立健全农业服务体系

把规模狭小、经营分散的小农户纳入农业现代化轨道，主要举措是发展多种形式适度规模经营，培育新型农业经营主体，重点是要健全农业社会化服务体系。例如，在服务主体上，应建立以公共服务机构为依托、合作经济组织为基础、龙头企业为骨干、其他社会力量为补充的多元化服务体系；在服务内容上，应提供农业生产资料供应、农产品加工销售、农业科技、农村金融、农业保险、农业信息等全方位的服务；在服务环节上，应进行农业产前、产中、产后各个环节的全过程服务。当前，应重点加强基层公共服务机构为农民提供的公益性服务和农村合作经济组织为社员提供的自我服务。

（四）要加强农村基层基础工作

一是要建立现代乡村治理体制，健全乡村治理体系，通过“三治结合”，走乡村善治之路，实现治理有效。二是要培养造就一支“一懂两爱”的“三农”工作队伍，特别是要加强“三农”工作干部队伍的培养、配备、管理和使用。三是要加强农村文化建设，走乡村文化兴盛之路，实现乡风文明，特别是要提高农村居民的思想觉悟、道德水准和文明素养，提高农村社会的文明程度。四是要加强农村生态文明建设，走乡村绿色发展之路，实现农村生态宜居。特别是要加强农业面源污染防治，开展农村人居环境整治行动，着力解决突出的农村环境问题；严格保护耕地，扩大轮作休耕试点，健全耕地草原休养生息制度，加大农村生态系统保护力度。

学习美国智库建设带来的思考

青岛市政府副秘书长、研究室主任　王哲

2017 年 9 月 10—30 日，笔者跟随山东省政府研究系统的领导和同事，赴美国参加“政府政策研究与智库对策研究结合路径方法培训”，考察交流政策研究方法，学习借鉴智库建设经验，提高政府研究系统决策服务能力。通过学习培训，对美国智库建设有了比较深入的了解，为我们结合实际推动山东省、青岛市的各级智库建设带来了很多启发，提供了有益的借鉴。

为了达到最优效果，山东省政府研究室对此次培训做了精心的设计和安排。培训的主要内容是学习考察美国政府政策制定的基本理论、技术手段、路径方法等制度体系建设情况和组织运行情况，重点围绕其政策决策过程，尤其是社会智库、各利益相关方在这个过程中所发挥的作用、影响政府决策的方式路径等进行交流研讨。培训地点分别是巴尔的摩大学和纽约大学。这两所大学在美国公共政策制定和管理制度研究方面名列前茅，既是知名智库，也是具有较高影响力的智库建设研究机构，授课老师都是两所大学相关领域的资深专家。培训期间，还安排我们实地考察了卡托研究所、美国农业部、美国国家公共广播电台、纽约市长办公室数据分析办公室、纽约大学公共卫生与政策学院等智库、媒体和政府机构，对我们来说，这是非常难得的学习机会，学员们倍感珍惜。大家在认真学习之余，还开展了深入的讨论研究，整个培训过程非常充实丰富。

一、美国智库的特点

美国的智库建设堪称全球一流水准。这个一流不仅体现在数量上，更体现在作用上。智库是美国政府政策决策的重要参与力量，在美国经济社会中地位特殊，影响巨大，与立法、行政、司法并称为“四种权力”，也被称为“政府外脑”“影子内阁”。各智库规模不等，类型多样，运作模式、研究领域、价值倾向等也各不相同，但都在各方面发挥着巨大作用。例如，我们所熟悉的美国总统大选等重大事项的结果都深受智库机构的影响。

按隶属关系，美国智库大体可分为政府智库和民间智库两类。

政府智库由官方设立，是直接参与决策的机构。例如，白宫办公厅、行政管理和预算局、经济顾问委员会、政策发展办公室、国家安全委员会、科学咨询委员会等总统的咨询机构；还有卫生部、教育部、住房与城市发展部、运输部等行政部门设立的总顾问或总顾问办公室，负责与本部门有关的法律事务、提供立法建议；国会也有专门的咨询机构，如参议院下属的拨款委员会、军事委员会、外交委员会、司法委员会、财政委员会、情报委员会等；一些比较大的州也有自己的地方智库，有的依法律规定设立，有的按照惯例产生，主要工作范围限于地方政府。

民间智库主要由企业、财团或个人筹资成立，数量约占智库总数的80%，是美国智库的主流，大多集中在华盛顿特区。这里接近美国权力中心，以便于影响国家政策。一些大型的民间智库规模庞大，资金力量雄厚，对决策层能够产生较大的影响，比较有代表性的如传统基金会、布鲁金斯学会、卡内基国际和平基金会、城市研究所等。此类智库研究领域广泛，大到军事外交战略，小到卫生医疗、社区管理等公共服务，都是他们的研究对象。

按照职能性质，可分为学术型智库、游说型智库与合同型智库。

学术型智库主要由若干学院组成，它们主要为政府提供有关政策的专业知识，以布鲁金斯学会为典型代表。游说型智库，是强调推销主张、进行观念争辩甚于进行政策研究的智库，具有鲜明的政策或意识形态倾向，最典型的代表为美国企业研究所。合同型智库的典型代表是兰德公司，性质介于学术与游说之间，民生、外交、环境等领域是其研究重点。

还有一些其他分类。从服务对象来说，可分为军事外交型智库、内政型智库、政党型智库。如企业研究所一般被认为是共和党的智库，而布鲁金斯学会则被当作民主党的智库。从政治倾向来看，又分为保守派智库、激进派智库、中间派智库等，宣传不同的政治主张。

二、美国智库参与决策咨询的路径方式

影响和参与政府公共决策是各类智库的最终目标，也是其价值体现。从美国智库情况来看，实现这一点，最重要的就是提出原创思想和政策建议，创立理论学说，并发挥自己的专业优势，帮助政府了解问题现状，把握国内公众需求和国际事务发展趋势，制定合理的解决方案。

一是直接影响政府决策。智库可以通过直接与权力核心层建立联系、影响社会精英集团、引导社会大众等方式来影响政策的制定过程。美国总统在美国政策决策中的作用十分独特，可以向国会提出国情咨文、预算咨文和经济咨文等，作出立法倡议，这实际上决定了国会的主要议事日程；还能行使立法否决权，签署、否决或搁置国会通过的立法等。因此，几乎所有的智库都主动给总统写对策

建议，试图影响总统决策。

二是影响政府的决策理念。智库通过长期研究，已经形成某种决策模式，为形成一种政策氛围，进而影响政府决策，是智库发挥决策影响力的重要方式。例如，通过参加听证会，陈述自己的主张，或接受专业委员会的约谈，与政策研究人员面对面地探讨对策建议，是智库人员直接参与决策咨询的重要方式。有的还应邀参加专业委员会预备案件的起草，帮助议员撰写议案。

三是营造社会舆论环境。在西方民主社会中，民众对政策决策也有很大的影响，智库可通过公开出版发表研究成果、出版与热点问题相关的图书、向公众进行新闻报道或评论等方式营造和引导社会舆论环境。在报刊上发表文章、出版著作等，是大多数智库人员参与决策咨询的常见方式。很多智库还经常召开各种研讨会、培训、论坛等，以会议的形式同政府官员、媒体和公众交流，提升自己的影响力。

四是提供政策实施效果评价与反馈。智库依靠专业知识与政策经验对出台的政策进行长期的追踪评估，判断政策的利弊得失，寻找所存在的问题，并提出解决问题的方案，促进政策科学化、民主化。特别是一些由政府资助建立的智库，如兰德公司、哈德逊研究所等，通过政府委托合同形式进行相关研究。此外，还有一些与政府部门对口的智库，如对外关系委员会、税务基金会、经济发展委员会等，他们的研究方向与政府某些部门工作对应，对政策的影响也十分明显。

三、美国智库的运行机制

美国政治体制的鲜明特点是三权分立，其公共政策制定需经严格规范的决策咨询程序，这为智库发挥作用提供了广阔的空间。决策咨询体制是智库作用发挥的重要保证。以地方政府为例，这个过程一般包括四个阶段：

一是界定问题。首先是问题的提出。由行政长官、议员、市民团体、政府职能部门或议会专门委员会提出议案。接下来是问题评估。由政府有关部门单独或跨部门成立议案小组，同时成立由相关专家和市民组成的咨询委员会，协助分析、制定和评估政策。

二是政策规划。确定可以解决的问题、不易解决的问题和不能解决的问题及其相应条件，提出政策目标。再制定各种可能的方案，对各种方案进行评估并选定推荐方案。

三是政策完善。将推荐方案及其评估报告进行公告，邀请公众参加听证会。根据听证会结果，修改制定最终方案。然后对最终方案进行评估。

四是合法化。将评估后的最终方案提交议会或行政长官决策，最后予以公布。

可以看出，决策咨询既是这一过程的重要内容，也贯穿在全过程各环节，包括公众咨询（如公众听证会、游说游行活动、新闻媒体政策辩论等）、专家咨询（典型方式有陈述、约谈等）、影响评估（包括政治、经济、环境、社会等）、质量管理（如成立咨询委员会，做详尽的调查评估等）、媒体宣传（确保社会公众更便捷地获取相关信息，表达自己利益诉求）。以上这些方面，都需要各类智库不同程度、多种形式参与，既为政府决策提供了全面、准确、专业的信息，也催生了大大小小的智库机构和繁荣的咨询服务市场。

四、美国智库建设对我国的启示

智库在国外被称为继立法、政府、新闻之后的第四部门，对政府决策、政策取向、公众舆论、社会心理等产生重要影响。在美国，民间智库的数量占绝对优势，这也是美国智库活跃度高、影响力大的重要原因之一。这促使笔者对青岛市的智库建设以及开展课题委托、研究成果转化工作做了一些思考。

一是做好规划布局注重错位发展。新型智库体系的建设不是机构和人员的简单叠加，而是通过对各类智库主体功能的重新定位和要素的优化组合实现传统智库向新型智库的转型升级。美国的智库建设启发我们，智慧在民间。要建设适应国内经济社会发展的新型智库体系，在发挥官方智库作用的同时，不应忽视和低估基层及人民群众的智慧才能。要在重视官方、高端智库建设的同时，兼顾好民间智库构建。行政部门作为政府决策参谋中枢，可以发挥牵头协调作用，同时鼓励企业、机构依托各自的人才力量和创新平台建设各种类型的民间智库，集聚人才，相互补充，融合发展，围绕自身主攻方向精准发力，补充完善我们的智库结构。

二是出台鼓励民间智库发展的政策。首先，建立人才流动机制。智库最宝贵的资源是优秀人才，建设新型智库体系，发展民间智库，需要突破区域、系统、学科限制，优化人才、经费、课题配置，应建立起固定人员和流动人员合理配置制度及学者访问制度，充分实现政府、高校、研究机构和企业人才的交流与共享，充分发挥人才的作用。其次，放宽对民间智库登记的标准，为民间智库成立创造条件。资金方面，要制定出台相应地免税政策，引导各类行业组织成立民间智库，激励大型企业资助民间智库，对企业、个人向各类智库的捐赠实行税前抵扣政策。加大财政项目拨款比例，使民间智库在争取政府资金方面享有平等的机会，给民间智库提供发展的空间。

三是注重规模适度、统筹协作。完善的智库体系应该是小核心、大外围，各管理层级纵向贯通、各智库主体横向协作的模式。特别是政府研究部门的智库建设，重点应是功能的强化而不是体量的增加，不能简单地以增加机构、扩充编制为应对，这也不符合当前机构改革的趋势。还是必须依托自身核心功能的发挥，更多运用现代技术和专业平台，集聚外围资源为我所用，提高决策参谋能力。

四是开展研究课题公开招标。政府要搭建决策咨询的公共竞争平台，制定公平竞争的制度规则。对于事关青岛市经济发展、城市建设、民生改善等重大研究课题，按照公平竞争、择优立项、严格管理的原则，引入竞争机制，采取招投标方式进行。参与投标的无论是官方智库还是民间智库，主要看其是否提供了更科学、更有效、更可行的政策依据和政策方案，是否能给政府和社会带来更大的帮助。因此，在研究课题招标的选择上，要摒弃看“身份”论英雄的思维，无论是“体制内”的还是“体制外”的智库，只要符合研究课题的基本条件，有对招标课题研究居国内领先水平的知名学者，有居国内领先水平的课题研究骨干，拥有对招标课题开展研究必备的条件，课题经费预算合理，就要一视同仁，同等对待。这样既有利于民间智库在经济社会发展中发挥作用，也有利于民间智库不断发展壮大。

五是加强课题调度管理。课题调度管理要贯穿于课题研究的全过程，确保研究课题按照政府的意图进行。政府部门作为课题负责单位要切实加强对课题的调度，发挥调度的职能作用，掌握课题研究进度及课题经费运用情况。督促中标智库积极履行合同约定，及时发现和处理课题研究过程中的问题，保证课题研究按规定时限完成，确保课题研究质量。课题完成后，要及时组织专家进行评审，对课题成果进行鉴定验收。获得立项课题的民间智库应信守有关规定，按要求完成课题研究，否则将追回资助经费，并取消课题申报人 3 年内重新研究课题的资格。课题结项前，课题研究人员不得发布、发表研究成果，课题成果作者具有署名权，政府对成果拥有编辑、发表、出版及使用权。

六是重视课题成果转化和传播推介。建立健全课题研究成果转化机制，疏通转化渠道，注重利用“互联网+”构建课题研究成果的共享平台，重视成果的二次开发。对有价值的研究报告，可以按照其实有价值购买，确保研究成果转化为政府决策。以建立多渠道、多形式、多层次、多载体的信息传播机制为目标，引导现代传媒加大对课题研究成果的宣传，保证课题研究成果传递的便捷、迅速，实现研究成果影响力最大化。例如，建立智库成果定期发布制度，完善管理机制，通过各种线上线下方式加大宣传，为解决研究成果转化难、转化慢、转化率低的问题创造更多的有效途径。

关于赴美国考察智库建设情况的调研报告

淄博市政府研究室主任　周洪刚

2017年9月10—30日，笔者随山东省政府研究室赴美国考察智库建设情况，先后在巴尔的摩大学和纽约大学培训，期间走访了卡托研究所、美国农业部、美国国家公共广播电台、纽约市长办公室数据分析办公室、纽约大学公共卫生与政策学院等智库、媒体和政府机构。经过20天的学习交流，笔者对美国智库有了深入了解，对其运行模式、机构特点、体制机制有了全新认识。结束美国考察回国之后，笔者对考察情况进行全面梳理，结合在美国考察期间的所思所想和所见所闻，对照国内智库发展情况以及淄博市特点，形成调研报告，供参考借鉴。

一、基本情况

智库在英文中的翻译是“Think Tank”，即智囊机构，也称“思想库”或“智慧库”，最早可以追溯到第二次世界大战期间，最初是指军事人员和文职专家，随着社会进步，智库定义已经发生了较大的变化，如今是指由专家学者组成，为决策者提供科学决策意见的专门研究机构。

现代智库起源于美国，经过1个多世纪的发展，美国已经成为世界上智库综合实力最强大的国家。根据美国宾夕法尼亚大学“智库研究项目”（TTCSP）研究编写的《全球智库报告 2017》，美国智库数量在全球排名第一，总数达到 1872 个，占到排名前十位国家智库总数的 45.7%，是中国智库数量的 3.7 倍。全球智库排名前十，有 5 家来自美国，占比达到 50%。美国智库不仅在数量上领先于其他国家，而且经过发展积累，形成了类型丰富、特点鲜明、制度完善的智库发展体系。

表 1　全球智库数量排名前十位的国家

排序	国家名称	智库数量（家）
1	美国	1872
2	中国	512
3	英国	311
4	印度	444
5	阿根廷	225
6	德国	214
7	法国	197
8	日本	116
9	俄罗斯	103
10	加拿大	100

数据来源：《全球智库报告 2017》。

（一）美国智库的类型

美国是世界上智库类型最全、市场化程度最高、运行机制最完善的国家之一，随着美国经济实现全球化发展，智库有更多的机会参与到全球各个地区问题的研究和发展中，服务的行业领域得到充分细分，呈现出类型多元化特点，按照不同的隶属关系、机构特点、政治倾向等条件可以对其进行归纳分类。

按照隶属关系，可以分为官方智库、民间智库两类，官方智库对美国联邦及州市政府政策制定的影响力最大，直接为政府决策提供服务，如白宫总统经济顾问委员会、联邦各部门设立的政策分析机构、较大的州市政府设立的政策分析机构等。而民间智库在美国智库中规模庞大、占比最高，有的智库资金实力雄厚、社会认可度较高、研究能力突出，影响力丝毫不逊色于官方智库，如传统基金会、卡内基国际和平基金会等。

按照研究方向，可以分为政府合同型智库、学术研究型智库两类。政府合同型智库由政府提供研究经费和委托合同，按照政府指定研究方向开展相关研究，合同到期以后结束合作关系，将研究转向其他领域，这类智库通常用于专业研究的时间不足，研究的广度和深度不够。与之相对应的智库，是长期专门从事某领域研究的学术研究型智库，这类智库一般由高校设立的研究机构组成，以学术研究为主要方向，有充足的时间和精力开展研究，不以营利为目的，根据实际需求为委托方提供辅助咨询服务。

按照政治倾向，可以分为保守派智库、激进派智库、中立派智库，由于美国政治制度特点，智库形成了风格迥异的政治倾向，保守派和激进派拥有不同的政治主张，宣传不同的政治立场，如传统基金会、哈德逊研究所是美国的保守派智库，激进派智库代表如布鲁金斯学会、卡内基研究会等，而绝大多数智库对外宣称“中立”立场，不为某个政党“代言”，这类智库在美国民众中拥有较高的信任度和公信力。

（二）美国智库的特点

美国智库经过长期发展，已经成为国家政治体系中的一部分，在特有的制度体系下形成了美国智库的特点，其中以经费筹措多元化、“旋转门”机制、运行独立性、国际化等特点尤为突出。

一是经费来源多元化是美国智库的显著特点。虽然美国智库绝大部分是非营利性研究机构，实现利润最大化并不是各个智库的首要任务，但事实上，很多智库研究团队人数众多，机构运转需要大量的资金作保障，如布鲁金斯学会、美国传统基金会供职人员都在300人以上，经常举办论坛、会议、出版物、宣传等活动提高智库影响力，因此，经费筹集成为美国智库一项十分重要的工作。美国智库涉及门类众多，服务的行业领域和目标客户也各不相同。据了解，美国智库大部分采用社会捐赠、政府补助、市场化运作等多元化的筹资渠道。例如，布鲁金斯学会资金80%来自捐助，10%来自理财收入，剩余部分则来自培训和出版收入；美国传统基金会经费来源既有专门的基金支持，又有广泛的社会捐款；美国国际战略研究中心公司资助占32%，基金会捐赠占29%，政府捐赠占19%，有相对固定的70～80家企业给予经费资助，劳斯莱斯汽车公司和盖茨基金会是捐资最多的2家企业。

二是“旋转门”机制打通了学界与政界人才的交流通道。所谓“旋转门”机制，是指智库学者与政府官员实现身份转换的一种人才交换机制。美国4年举行一次大选，每次换届选举涉及4000多个岗位变化，很多高级官员不是从议会中选取，也极少来自现有公务员队伍，而是从各类社会精英中选取，美国各类智库有大量高端人才储备，成为政府选才、用才的首选之地。“旋转门”机制打通了学者与政要之间的人才转换通道，形成了能进能出的人才双向交换机制，智库的研究者到政府担任重要职位，从研究者变为政策制定者，同时卸任的官员进入智库继续开展研究，双方人才都有机会得到锻炼，如基辛格从哈佛大学国际事务中心进入政界任职美国国务卿，卸任后又成立了基辛格国际咨询公司并担任董事长；赖斯也是从大学教授进入政界担任国务卿，卸任后又回到了斯坦福大学的胡佛研究所从事研究工作，这种特殊的人才转换机制，为美国政府和社会源源不断地提供人才支持。

三是具有很强的独立性。美国智库认为，获得政府和社会的认可，必须在某个领域具有权威性和公信力，而权威性和公信力在很大程度上要依靠独立的研究和创新能力获得，所以，美国智库依靠政府运行又希望独立于政府。一方面，美国智库服务政府决策过程中，需要通过招标方式取得研究项目，获得经费补助，从表面上看，美国智库和政府保持密切联系，需要依靠政府资金支持实现持续发展，但实际上大部分智库非常注重政治上的“中立性”和经济运行上的“独立性”，不为某一个党派“站台”，也规定不允许占用智库公共资源为某个利益集团服务。另一方面，随着经济发展全球化趋势，促使美国智库必须保持独立性特征，赢得国际社会各个方面的信赖，从而在国际舞台上获得更多的发展机会，例如，一直以非营利民办研究机构著称的兰德公司，虽然其经费大部分来源于联邦、州、军方，但与美国官方长期保持客户合同关系，发表的智库言论和观点中立性较强，更多向外界展现独立自主运行的特征。

（三）美国智库的作用

美国是联邦制国家，政权组织形式为总统制，实行三权分立与制衡相结合的政治制度和两党制的政党制度，美国智库在政府与社会之间扮演多重角色，通常被视为“影子内阁”或“第四部门”，已经成为美国国家政治体系的一部分，主要在以下五个方面发挥作用。

一是提出决策建议。美国智库无论规模大小都具有明确的研究领域和专业方向，他们借助专业优势，就政府及公众关注的重点问题开展研究，及时向政府及公众发布政策主张和解决方案，从而引起社会关注，对政府决策者施加压力，促使联邦及州市政府采用其政策建议。

二是影响舆论。智库通过出版书籍、刊物，在电视、广播、网络等媒体上发表言论，召开研讨会、论坛，广泛传播自己的观点及主张，引导社会舆论认同，从而获得某一方面的话语权和主导权，达到提升智库影响力、超越竞争对手的目的。

三是处理问题。帮助政府调解和处理问题是智库的重要目标，美国智库借助其在国内和国际社会的影响力，成为外交问题的“传声筒”，如在处理中美贸易摩擦、开展“301调查”等国际贸易问题过程中，美国智库通过发表言论，向联邦政府建议，引起美国政府关注，从而为问题的解决施加压力，影响特朗普政府决策。

四是汇聚人才。美国智库非常重视人才队伍建设，拥有非常成熟的人才管理机制，人才的招募、培训、使用、管理、评价等各个环节都做得非常好。美国特有的“旋转门”机制，为智库和政府人才之间流动打开了通道，为美国汇聚了大量高端人才，智库成为美国社会名副其实的人才聚集地。

五是交流平台。各种政策建议或理论研究成果在未正式进入决策之前，通常都会选择智库举办的论坛、研讨会以及举办的期刊、网站等渠道进行发布。利用智库“中立”的特点，既可以科学评估政策影响，收集公众建议，又能够为决策做好铺垫，智库在美国社会中成为开放交流的平台。

尽管美国智库发展起步较早，整体水平较高，在全球保持领先水平，但随着国际发展环境的不断变化，以及特朗普政府上台后带给世界经济前景的不确定因素增多，美国智库在新的发展环境中暴露出一些问题和不足。一是受制于利益集团。由于市场化程度较高，很多智库都是某些利益集团出资设立或赞助运营，智库为获得稳定的经费来源，研究过程以及作出的判断往往受到利益集团、政治团体、经费支持者的影响，不能作出准确判断。二是政治倾向性影响中立性。政府决策咨询过程中，一些决策者为了达到预期的目的，通常会选择与自己施政理念、政策主张相近的智库作为咨询方，干预智库机构开展服务，通过智库向社会发布倾向性言论，引导社会舆论，导致智库的独立性特征被削弱。

二、启示

与美国相比，我国国情不同，智库运作方式、政策环境、发展基础也不相同，虽然不能照搬照抄美国的经验，但也有许多可以学习借鉴之处。

（一）要坚定建设中国特色新型智库的正确方向

中国发展正面临全面转型升级的关键时期，亟须建设一批特色鲜明、制度创新、引领发展的高端智库，为中国发展提供智慧力量，向世界传播中国声音，给世界发展带去中国解决方案。建设中国特色新型智库，必须坚持以习近平新时代中国特色社会主义思想和党的十九大精神为指导，高举中国特色社会主义伟大旗帜，在党中央的统一集中领导下，以维护国家利益和人民利益为根本出发点，坚定建设中国特色新型智库理想信念，着力构建具有中国特色、中国风格、中国气派的智库体系。

（二）良好的政策环境是智库发展的重要保障

美国智库政策相对宽松，市场化运营机制成熟，社会舆论和政府干预对其运营较小，智库可以把主要精力放在加强智库建设和开展学术研究等方面。我国智库整体处在发展阶段，智库类型以官方出资建设为主，国际影响力不如美国，支持智库发展的政策体系还不够完善。在今后的发展过程中，要充分借鉴先进国外智库发展的成功经验，准确把握智库发展规律，充分尊重市场机制和资源配置方式，结合我国国情，积极营造更加开放宽松的政策环境，为国内智库发展提供制度保障。

（三）要高度重视智库发展多元化

美国智库之所以在世界保持领先地位，很大原因是智库实现了多元化发展。在美国，几乎每个行业都有各种规模的智库机构，规模较大的智库机构，可以直接影响政府决策；规模较小的智库机构，专门从事某个领域的研究，也有一定的影响力。美国智库的多元化发展，为其在各个领域保持领先发挥了关键作用，所以，建设我国智库，也要高度重视智库多元化，这种多元化既是智库类型的多元化，也是人才、资金、制度等方面的多元化，只有实现了智库发展的多元化，智库在国家治理体制中的作用才能充分释放，才能形成具有中国特色的智库发展体系。

三、意见和建议

近年来，淄博市委、市政府高度重视智库建设，制定了《关于加强中国特色新型智库建设的实施意见》，与高校、企业合作，成立了淄博发展研究院、齐鲁文化研究院等智库研究机构，培育壮大了卓创咨询、中宇咨询等多家国内领先的智库企业，逐步形成了具有淄博地域特色的智库体系。根据美国考察智库建设情况，结合淄博市实际，提出以下建议。

（一）重塑“稷下”智库品牌

淄博具有浓厚的智库文化积淀，战国时期，世界上第一所官办高等学府“稷下学宫”在齐国都城临淄成立，成为当时各个学派“百家争鸣”的学术中心，为齐国长治久安提供了源源不断的智慧和动力。建议重塑“稷下”智库品牌，重点做好三方面工作：一是搭建平台。继续办好“国际齐文化旅游节”，搭建“稷下”智库对外宣传交流合作平台。提高“稷下学宫”论坛、世界足球文化高峰论坛的规模和档次，积极争取上级支持，围绕“稷下”品牌建设，举办更多高层次的文化论坛和讲座。二是加强宣传。借助网络自媒体、广播、电视等宣传平台，加大“稷下”智库品牌宣传力度，大力宣传“稷下”兼容并包、独立自由的学术精神，牢固树立“稷下”智库品牌形象。三是对外交流。借助全市外事文化交流和商业洽谈等活动契机，充分利用各类学术团体、艺术机构对外交流渠道，吸引国内外文化学者走进淄博了解“稷下”智库，带动“稷下”智库品牌走出淄博，不断加强对外合作，实现文化输出。

（二）建立中国特色“旋转门”机制

一是完善制度建设。借鉴美国“旋转门”机制，结合实际情况，建立中国特色“旋转门”机制，打通智库学者与政府官员之间的人才通道，畅通人才培养锻炼渠道，形成能进能出的用人选人机制。二是重视智库人才队伍建设。培养适合淄博市智库发展的人才队伍，结合落实市委、市政府人才新政 23 条政策，从编制、资金、购房、教育等多个方面对智库人才给予扶持。三是建立双向挂职锻炼机制。选择与政府工作关联较密切的智库学者到政府相关岗位挂职锻炼，推荐政府人员到智库交换挂职，帮助智库学者和政府官员熟悉双方工作，实现优势互补、共同促进。四是加快人事管理体制改革。创新编制和岗位管理，实行岗位聘任制，调剂部分编制专门用于招聘智库学者，吸收更多的智库学者到机关单位任职。探索实行职员制，鼓励公职人员到智库机构任职，形成人才双向流动机制。

（三）形成多元化发展新格局

一是加强政策引领。研究制定鼓励智库发展的指导意见和实施办法，从政策层面加强对智库体制改革、资金扶持、人才引进等方面的扶持，鼓励智库朝社会化、专业化方向发展，加快智库形成多元化发展新格局。二是形成优势互补。坚持政府主导、市场运作、协同发展原则，积极发挥官方智库、高校智库、企业智库等各类智库的优势特点，建立双向合作机制，形成优势互补、共同参与、合作共赢的发展局面。三是坚持市场主导。努力营造更加公平的智库发展环境，坚持市场主导、政府引导，实现资源的有效配置，鼓励智库特别是社会智库开展市场化运作。加快政府智库全面改革步伐，在人员管理、薪酬待遇、运行模式等方面加大研究，实现与市场机制的无缝接轨。四是对外开放合作。鼓励智库加强对外合作交流，加强与国内、国际知名智库对接，举办高层次的智库活动，不断提高淄博智库的影响力和知名度。

（四）鼓励智库参与政府决策

一是完善政府重大行政决策机制。把智库咨询作为政府重大行政决策程序的重要环节，完善相关制度建设，鼓励智库积极参与政府重大行政决策，提出决策建议，提高政府决策科学化水平。二是重视智库在政府决策中的重要作用。把听取和吸纳智库建议，作为政府决策的重要参考，作为政府依法决策、科学决策、民主决策的重要依据。三是支持智库研究成果向决策转换。鼓励政府以购买服务的方式，向社会发布课题需求，购买研究成果，及时将研究成果转换为决策内容。四是保证智库研究的独立性和客观性。减少行政干预，支持智库独立开展研究，作出公正客观的判断，为政府决策提供有力参考。

借鉴美国智库管理经验
加快推进东营新型智库发展

东营市政府研究室副主任　张月锐

2017 年 9 月 10—30 日，笔者参加了山东省政府研究室组织的赴美国巴尔的摩大学“政府政策研究与智库对策研究结合路径方法”培训班的学习，主要学习了美国政府政策研究分析、美国智库建设管理、政府政策影响评估、政府机构如何与智库进行信息共享等内容。通过认真学习，了解了美国智库建设与管理运作的主要经验和特点，初步掌握了美国政府进行政策制定的方式和路径，由此开阔了眼界，增长了见识。在此基础上，笔者对东营新型智库的建设进行了认真思考。

一、美国智库建设的主要经验和特点

智库是指由相关专家组成、为各级决策者在处理社会、经济、科技、军事、外交等各方面问题出谋划策，提供最佳理论、策略、方法、思想等的公共研究机构，是影响政府决策和推动社会发展的一支重要力量。近年来，智库在西方国家内政外交政策的制定中发挥着日益重要的作用，在美国的影响力尤为显著，它以精准全面的分析研判、与政界广泛深入的联系以及在社会公众中的影响力，影响着美国政治、经济、社会、军事、外交、科技等方面的重大决策。

现代的美国智库做出许多令人瞩目成绩的原因，与它们采用灵活而严格的科学的组织和管理方法方式关系很大。在美国，智库大多冠以“公司”“研究中心”“研究所”“学会”“委员会”“协会”等名称，大多数是按现代模式进行管理的，但是与一般的公司或企业不同，许多智库纯属研究机构，以个人或其他组织的资助生存，属于非营利性的组织，也有少量的是营利性组织，其中有合作制的也有公司制的。从管理体制来看，有些智库是由统一的行政机构来管理，有些是由理事会或董事会管理来管理，有些是由单个委员会来管理。各种智库都设有董事会。作为智库的最高领导机构，董事会主要由政界、学术界名流、权威律师和一些媒体巨头、社会名人和公司经理董事构成。重要的决策都由董事会来决定，指导着智库发展的方向。董事会的工作是筹资、制定规划、审理财务、协调同委托单位之间的关系，监督签订合同，选拔和任免行政管理人员等。一般大智库设有学术顾问委员会，由一些专家学者、政府官员等组成，审议智库的工作，帮助项目进行研究。利用声望来推销研究成果或筹资是智库的主要目的。智库的董事会一般设有行政管理部门和研究部门。后者负责智库的日常管理、人员培训、经费预算、对外联络及给研究部门相应的支持。依据不同职能，行政管理部门又下设了不同的管理部门。按企业管理制度，智库实行董事会领导的经理负责制。经理任命研究所所长和主任，所长下设副所长，协助所长的工作。研究部门实行所长负责制，按不同的专业、项目或课题设置各个研究小组或中心、研究所。

在人才建设方面，美国智库实行的是开放型、专业型人才管理机制。美国智库的大多数研究人员拥有跨学科的专业知识。智库日益复杂而且日趋综合的研究必然要求其研究人员有跨学科研究的才能。可以说当前智库所面临的复杂的社会与政治经济环境，使得其研究已经很少有单凭一门专业知识就能获得较好的研究成效。智库的研究性质、任务及其规模决定了研究人员的构成。总体而言，大型的综合性智库往往学科齐全，其研究人员一般是通才，多具有不止一门专业知识，还具备较高的解决实际问题的能力。智库的研究工作，一部分属于纯粹的理论研究工作，但理论研究的最终目的是解决社会上出现的各种实际问题。从社会功能上看，智库的主要职能就是发挥集体智慧并且通过充分利用整体智商来研究包括公共政策在内的各种问题，并向国家决策者提供最优的理论与实际问题解决方案的咨询与指导。而就研究对象而言，智库与一般的科学研究机构有所不同。后者主要是以纯学术性问题为研究对象的专业研究，且多以探求社会发展的普遍规律为目的。而前者的研究偏重于理论在实践活动中的应用，旨在运用规律解决相应的实际问题。智库接受的研究项目多数是现实性较强的课题，这就要求研究人员在充分掌握基本原理的前提下，得出能够科学指导实践活动的科研成果。因此智库的研究人员必须具有独创性思维，必须拥有敏锐的思维与独特的视角。

在智库建设资金方面，美国智库已建立形成了完善的筹资机制。作为非营利性机构的美国智库，无论规模大小，每年都必须有较充足的资金作为其正常运作的保证。总体来看，美国智库的资金来源主要包含以下几个方面：第一，非政府组织及个人的赞助。非政府组织主要包括大的财团、各类基金会以及企业与社会团体。第二，来自政府的财政拨款或者政府补贴，通常情况下，政府在年度预算内都会有作为智库发展与研究活动开展的专项资金。这种补贴通常具有不确定性，且一般不要求获得相应的回报，智库只需在政府有研究项目的时候给予一定的帮助与支持即可。第三，研究合同收入。受政府或其他社会组织委托，通过合作方式取得相应的劳动报酬。第四，原有资产的增值。这部分资金主要来自智库自身资产的人为的或者自然的增值。它包含智库的银行储蓄的利息收入，不动产的自然增值，以及智库委托相关金融机构所进行的投资性收益。第五，智库出版物销售收入。智库出版物包括商业书籍、专题论文、会议纪要、技术报告、研究简报等。

在发挥影响方面，美国智库具备了多渠道的成果推广机制，包括定期出版报纸杂志，如发表本智库的最新研究成果，扩大和加强智库在学术界的影响；发表研究报告或著作、出席国会听证会、为企业提供咨询、召开专题研讨会等。

二、东营市新型智库发展现状与不足

在各级部门努力下，东营智库的建设取得了一定进展。党政系统形成了以党委政府研究部门为主的研究机构智库，其中心工作就是对东营市国民经济、社会发展中全局性、战略性、综合性、长期性问题开展超前研究和跟踪研究，为市委、市政府决策提供符合实际的政策建议和咨询意见。党校，是党的哲学社会科学研究机构，在智库建设过程中一是围绕市委、市政府的中心工作展开调查研究；二是具有联系学员优势，可以充分利用宝贵的学员资源；三是作为学校，较少牵扯部门利益，研究相对客观中立；四是研究人员长期工作在教学科研一线，接近基层，接近学员，经常开展调研。高校智库建设方面，主要包括：①东营职业学院。东营职业学院是国家骨干高职院校，学校设有电子信息与传媒、石油与化学工程、石油装备与机电工程、建筑与环境工程、经济贸易与管理、生物与生态工程等 8 个二级学院和 1 个农业科学研究院、1 个中专部。当前，主要的研究领域为：人文社科领域，内容涉及哲学、管理学、经济学、教育学等；自然科学领域，内容涉及石油化工、石油装备、机械电气、汽车、电子信息、建筑、环境、生物生态等。②东营技师学院。建有石油装备学院、软件与服务外包学院、汽车工程学院、电气

（化学）工程系、餐旅服务系、基础部6个院系（部）及中德黄河三角洲高效生态农牧业技术培训中心、东营市政府公共实训基地等。③山东省黄河三角洲可持续发展研究院。围绕黄河三角洲区域建设和发展重大技术、经济、社会问题，组织研究院专家委员会开展工作，为党委政府及有关方面提供咨询服务；组织、协调、推进东营市与高等院校、省级以上科研院所全面战略合作；围绕区域可持续发展，推进新型创新、创业、创意园区建设，组织实施重点领域创新示范项目；促进东营市与国内外高校院所的人才、技术、产业、信息交流，推进与合作高校院所的科技与创新成果转化实施。科技创新型企业等其他类型智库建设方面，截至目前，全市已建成国家级企业技术中心3家（地方）、省级72家、市级以上研发平台271家、9家博士后科研工作站，为全市区域创新体系建设和产业转型升级提供了较强的智力支撑。

智库建设存在的问题与不足主要表现在以下几个方面：

第一，各智库机构联结松散，缺乏系统整合。目前，全市还没有一个统一的咨询联盟部门。全市的重大决策和项目决策在制度上缺乏统一的设计，许多咨询工作属于各智库机构自主命题、自行开展，智库资源相对分散，整体工作缺乏强有力的主导安排。

第二，咨询层次不高，成果影响力较弱。东营市仍以官方咨询研究机构为主，非官方决策咨询研究机构发展缓慢，官方研究决策机构与非官方合作发展的局面没有形成。外界著名机构与高层专家来东营全程参加重大课题研究的活动较少，依然没能跳出“用东营人研究东营事”的圈子，导致本地课题研究成果视野深度不够。提出决策建议的质量与水平不高，对区域经济发展很难产生震撼性影响。

第三，参与决策机制不完善。东营市大部分智库是党委和政府系统直接领导下的研究决策机构，除了自身业务还承担着其他行政事务，相对弱化了智库的研究决策职能。成果大多重理论轻实践，很多成果以期刊论文或专著形式出版为重要目的，即使获领导批示往往也多束之高阁，没有很好地深入应用到实践中。智库成果转化率较低，对政府决策的影响力度不够强。

第四，经费筹措使用机制不健全。全市智库的研究经费大多来源于市财政公用经费支出，专项资金相对缺乏。另外，研究经费管理使用机制也不健全，没有形成竞争性经费与稳定性支持经费相协调的机制，资金使用效益也需要进一步提高。

第五，智库研究人员力量薄弱。专业研究人员偏少，人员层次相对较低，人才知识结构和业务素质等有待进一步提高，尤其缺乏社会影响力大和学术水平高的领军人物。智库研究人员岗位固化，在党政机关、智库、企业之间缺乏相互流动的人才柔性使用机制，导致研究人员的视野不够宽阔。另外，大多智库兼具行政功能，专注研究的力度不够，导致研究力量相对分散，在一定程度上也影响了智库作用的发挥。

三、推进东营新型智库建设的主要对策

（一）构建完善的组织体系

东营智库作为系统化的运行网络，其组织架构应着眼于“统筹协调、形成合力，统分结合、各负其责，资信汇集、资源共享，多方并举、举贤纳言”的要求，结合体制内的行政优势和体制外的学术优势，将全市各类咨询研究机构进行有机整合，形成“一个协调委员会为统揽、三种组织形态为支撑、四种动态信息载体为依托”的决策咨询研究新体系。“一个协调委员会”，即东营智库协调委员会及其办公室。“三种组织形态”，即东营市经济社会发展咨询委员会、东营智库联盟和各部门系统咨询研究机构。“四种动态信息载

体”，即需求库、信息库、专家库、成果库。

（二）建立常态化组织协调机制

东营智库协调委员会定期召开工作例会，对全市决策咨询研究活动的开展进行统筹部署。同时，根据协调委员会办公室的提请，可以召集临时性会议，对智库运作过程中遇到的重点和难点问题进行研究协调。在东营智库协调委员会的领导下，协调委员会设立的办公室担负日常组织协调责任，与各相关单位加强沟通联系，建立常态化的信息沟通渠道和事务性问题解决会商机制，实现相关政策、信息和资源的统筹协调。

（三）制定制度化决策参与机制

制定《市级重大决策专家咨询论证办法》，有效建立智库机构参与决策制度，将咨询论证确定为重大决策出台的必经环节和前置程序，确保智库机构真正参与决策过程，提高咨询研究成果的决策转化率。规范和完善相关程序规定，对规划、产业、科技、城建、文化、生态等重点领域的决策行为和投资项目，全面引入智库机构开展前期可行性评估论证，切实降低项目建设运营风险，进一步提高决策科学化和专业化水平。涉及公共利益和人民群众切身利益的决策事项，要通过举行听证会、座谈会、论证会等多种形式，广泛听取智库的意见和建议，增强决策透明度和公众参与度。鼓励人大代表、政协委员、其他非政府序列的高级研究人员与智库开展合作研究。探索建立决策部门对智库咨询意见的回应和反馈机制，促进政府决策与智库建议之间良性互动。

（四）实行多路径成果发布

逐步清理规范市级决策研究期刊、信息、简报等刊物，建立更加统一、科学合理的报送渠道和发布载体。积极探索建设东营智库系列书目，鼓励支持定期出版专著、研究报告等，持续提升东营智库的话语权和影响力。结合重大形势政策，适时举办各种讲座、论坛、报告会等，多途径引导社会公众，致力于促进全社会形成对重要公共决策问题的广泛共识。鼓励智库运用大众媒体等多种手段，传播主流思想价值，集聚社会正能量。拓展政府信息公开渠道和查阅场所，发挥政府网站以及政务微博、政务微信等新兴信息发布平台的作用，方便智库及时获取政府信息。

（五）配套全方位支持保障

市委、市政府要高度重视东营新型智库建设工作，切实加强组织领导，提供完善的政策、人才、资金、信息等支持，努力形成推动各项工作有序开展的强大合力。进一步细化和完善规章制度，形成规范化运作体系，确保东营智库高效运作。适当增加相关机构人员编制，进一步加强专业人才队伍建设，把决策咨询研究岗位作为干部成长的重要平台，积极鼓励支持研究人员到部门或基层挂职锻炼，形成研究型与实务型人才双向流动的合理机制。在整合现有研究机构专项经费的基础上，设立东营智库建设和发展专项经费，并制定专项资金管理办法，为东营智库有效运行提供资金保障。探索建立政府主导、社会力量参与的决策咨询服务供给体系，稳步推进提供服务主体多元化和提供方式多样化，满足智库多层次、多方面的需求。研究制定政府向智库购买决策咨询服务的指导意见，建立按需购买、以事定费、公开择优、合同管理的购买机制，明确购买方和服务方的责任和义务。凡属智库提供的咨询报告、政策方案、规划设计、调研数据等，均可纳入政府采购范围和政府购买服务指导性目录，采用公开招标、邀请招标、竞争性谈判、单一来源等多种方式购买。

孔夫子的话越来越国际化

——孔子学说走向全球

日照市政府调研室主任　徐桂华

“全世界都在学中国话，孔夫子的话，越来越国际化；全世界都在讲中国话，我们说的话，让世界都认真听话。”一曲明快的《中国话》，既表达出中国人对伟大祖国的美好祝愿，也反映出以儒家文化为代表的中国文化在全球的巨大影响力和中国国际地位的日益提升。对此，笔者在跟随省政府研究室赴美国参加“政府决策研究与智库对策研究结合路径方法”培训时深有感触。在培训期间，考察交流了政策研究方法，顺利完成了28个专题的学习任务，进一步深化了对中国特色社会主义理论体系的认识，更加坚定了道路自信、理论自信、制度自信和文化自信。同时，就深化国际人文交流合作、弘扬以孔子学说为代表的中华优秀传统文化、讲好中国故事和山东故事，与相关专家、同行进行了深入探讨，有了一些感悟。

儒家学派的创始人孔子，是春秋末期鲁国人，是我国古代伟大的思想家、政治家和教育家。后人对孔子推崇备至，尊其为“圣人”，联合国教科文组织还将孔子列为世界十大历史名人之一。孔子不仅对中国文化发展产生了深远影响，也对世界文明的发展做出了卓越贡献。很多专家认为，孔子建立了以“仁”为核心、以“复礼”为目的的思想体系，成为整个儒家的理论基础。他宣传“为政以德”和“礼治”，以“德”来治理人民，以“礼”来治理国家。他创办私学，提倡“有教无类”的教育体系。他整理的《诗》《书》《礼》《易》《乐》《春秋》六经成为儒家基本的经典。他的言行由弟子或再传弟子记录编纂成《论语》，成为研究孔子思想最可靠的依据。通过这次培训，对孔子学说的丰富内涵和现实意义，有了更深层次的理解和认识。

一、以儒家文化为代表的中华优秀传统文化是彰显大国文化自信的根基

习近平总书记强调，坚持文化自信，这不仅是在道路自信、理论自信和制度自信基础上的“第四个自信”，而且是“更基础、更广泛、更深厚的自信”。习近平总书记还深刻指出，“在5000多年文明发展中孕育的中华优秀传统文化，在党和人民伟大斗争中孕育的革命文化和社会主义先进文化，积淀着中华民族最深层的精神追求，代表着中华民族独特的精神标识”。这其中，首要的就是中华优秀传统文化。中华民族5000多年的文化史，前2500多年靠孔子的记录和传承，后2500多年靠孔子思想的传播和影响。

（一）中华优秀传统文化源远流长、博大精深

历史已经表明，任何国家和任何民族，只要文化力强，国家和民族的生命力就强；反之，文化力弱，国家和民族的生命力则弱。当今世界，没有哪个国家、哪个民族能够具有中华民族这样拥有数千年连绵不断的，甚至精确到年月日接续的历史文化记录。这一点，我们是骄傲的唯一。文化缺乏连续性，就不可持续。这也是古埃及文明、古印度文明、古两河流域文明等衰亡的主要缘由。不可否认，中华历史文化在近代一度出现过危机，后来得益于马克思列宁主义的强力激活，中华历史文化重新焕发了青春和靓丽。在中华民族复

兴的伟大中国梦的历史进程中，中华优秀传统文化发挥了不可低估的重要推动作用。正如西方强国崛起时，政治的、经济的、制度的因素是显性的，而文化的、理念的因素则是不可或缺的、隐性的。

（二）中华优秀传统文化创造了无尽的精神瑰宝

孔子是中国文化的集大成者，他的思想学说奠定了历代炎黄子孙的生命底色。在孔子学说的影响下，伟大的中华民族比世界上其他民族更和睦、更和平地生存了几千年，以孔子学说和儒家思想为代表的中华优秀传统文化是最值得珍视的宝贵遗产。例如，“自强不息”的奋斗精神，“精忠报国”的爱国情怀，“天下兴亡，匹夫有责”的担当意识，“舍生取义”的牺牲精神，“革故鼎新”的创新思想，“扶危济困”的公德意识，“国而忘家，公而忘私”的价值理念等，一直是中华民族奋发进取的精神动力。再如，“天人合一”“天下为公”的社会理想，“以人为本”“民惟邦本”的治国理念，“载舟覆舟”“居安思危”的忧患意识，“止戈为武”“协和万邦”的和平思想，“与人为善”“己所不欲，勿施于人”的处世之道，“儒法并用”“德刑相辅”的治理思想，“和为贵”“和而不同”的东方智慧，一直是中华民族治国理政的思想渊源。甚至，我们正努力建成的全面小康社会的“小康”这个概念，也是出自《礼记·礼运》，是中华民族自古以来追求的理想社会状态。

（三）中华优秀传统文化催生了经济的繁荣昌盛

20 世纪 70 年代前后，“亚洲四小龙”和日本的经济表现活跃，通过推行出口导向型战略，重点发展劳动密集型的加工产业，在短时间内实现了经济腾飞，一跃成为全亚洲最发达、最富裕的地区，震惊了西方经济界和知识界。一批经济学家、社会学家和文化学家经过深入研究和分析，认为儒家文明的巨大影响是“亚洲四小龙”和日本经济发达的重要因素。这是因为，东亚和东南亚一带的经济繁荣圈，既不同于北美的经济增长方式，也不同于欧洲的经济生成模式，其精神动力恰恰来自儒家文化的推动。在“亚洲四小龙”里，儒家文明占据上风，超越了基督文明和其他宗教文明。由此推知，我们今天能够快速进步，成为世界第二大经济体，以儒家文明为代表的中华优秀传统文化在改革开放的伟大进程中，也起到和发挥了重要的影响和作用。

二、文化输出是国力强盛和国际地位的重要象征

文化是人民的精神家园，是一个民族的血脉和灵魂，是一个国家发展的重要支撑。列宁曾经指出，“在一个没有文化的国度里是建成不了共产主义的”。早在新中国成立前夜，毛泽东就满怀信心地指出：“随着经济建设高潮的到来，不可避免地将要出现一个文化建设的高潮。中国人被认为不文明的时代已经过去了，我们将以一个具有高度文化的民族出现于世界。”回顾历史，我们不难看出，只要国力强盛、经济发达，其民族文化的输出也就自然形成了。

从古代看，《诗经》有云：“自西自东，自南自北，无思不服。”讲的便是盛明之先进文化对周围四方的影响，天下之人对周王朝的仁德真心认同。传统经典中，《论语》被翻译得最早，利玛窦在明万历二十二年（公元 1594 年），就把“四书”翻译成了拉丁文。在历史上，“修文德以来之”最为典型的例子是唐朝，唐朝时国力强盛，政治昌明，日本、波斯等国纷纷遣使来华。公元 7 世纪初至 9 世纪末，日本为了学习中国文化，200 多年间共 19 次派“遣唐使”组成使节团来华，学习唐代政治、经济、文化，回国后加以传播。遣唐使不仅认真学习唐朝典章律令，回国后仿行唐制，推动日本社会制度的革新，还汲取盛唐文化，提高日本文化艺术水平，其中就包括汉籍佛经、唐诗汉文、汉字绘画、雕塑、音乐、舞蹈等艺术，经过

消化改造，融进日本文化。这可以看作中国古代文化输出的典范。

从近代看，随着鸦片战争的爆发，在西方列强的坚船利炮下，西方文化也逐步打开了中国国门。根据徐维则、吴小如、熊月之等人的统计，1843—1860 年，香港和各通商口岸出版西书 434 种，其中宗教类 329 种，占 75.8%；天文、地理、数学、医学、历史、经济等 105 种，占 24.2%。1860—1900 年，京师同文馆和江南制造局翻译出版西书 555 种，哲学、社会科学 123 种，自然科学 162 种，应用科学 225 种，其他游记、杂著、议论 45 种；1900—1911 年，从日文、英文、法文等翻译的书至少有 1599 种，占晚清百年译书总数的 69.8%，超过此前 90 年译书的 2 倍。根据国家图书馆和北大图书馆的调查统计，20 世纪中国翻译了西方 106800 余册著作，而西方翻译中国 20 世纪著作仅仅几百册。“二战”时期，日本的文化侵略使诸多国家和地区至今仍留有殖民的印记，台湾便是其中的典型，可见文化在引导人类思想和精神方面的重要作用。

在这种形势下，中国依托“一带一路”，统筹对外文化交流、文化传播和文化贸易，讲好中国故事，传播中国声音，推动文化“走出去”力度空前加大。2016 年春节，“中国电影·普天同映”全球发行平台正式启动，目前已与亚洲、欧洲、北美洲多国主流院线成功对接。据统计，2017 年，中国电影海外票房及销售收入已达 42.53 亿元，是 2012 年的 4 倍。在国际舞台上，彰显时代创新的中国故事引来八方喝彩：京剧名家张火丁走进纽约林肯中心，成功演出全本京剧《白蛇传》《锁麟囊》；上海昆剧团将汤显祖的“临川四梦”首次完整搬上舞台并开启世界巡演，所到之处盛况空前；曹文轩、刘慈欣、刘震云等一批中国作家，走到国际大奖舞台的聚光灯下，等等。

三、孔子学说已在世界各国遍地开花

在全球化的今天，孔子早已成为东亚文明乃至全球文明共同的文化符号，成为整个东方文化的重要标志和世界文化宝库的重要遗产。经过十几年的发展，孔子学院已经成为中国文化对外传播的重大项目。通过开办孔子学院，中国的软实力明显提升，为树立文化大国形象做出了卓越贡献。

从全球来看，从 2004 年在韩国开办第一个海外孔子学院至今，短短 10 余年，孔子学院从无到有，从小到大，在世界各国遍地开花，广受欢迎，成为举世瞩目的综合文化平台和人文交流品牌。截至 2017 年 12 月 31 日，中国已在 146 个国家和地区建立了 525 所孔子学院、1113 个中小学孔子课堂，学员总数达 190 万人。在孔子学院的带动下，已有 60 多个国家将汉语教学纳入国民教育体系，全球汉语学习者超过 1 亿人。孔子“己所不欲，勿施于人”的语录，也被誉为处理国家间关系的“黄金法则”“普世价值”“人类共同伦理”等，被镌刻于联合国总部大厅。孔子不仅属于中国，也属于世界，是人类共同的宝贵文化遗产，是共读人类和谐相处的“圣经”。我们有理由相信，中华文化之花，必将借孔子学院及其他诸多实践之力，开遍世界。

从美国看，在北美、大洋洲地区的 180 所孔子学院里，美国占了 110 所。美国波特兰州立大学孔子学院学生过万人，由于孔子学院在当地受到欢迎，2010 年 2 月该州还通过法律，要求在全州公立中、小学推广和开设中文及中华文化课程。2015 年美洲与大洋洲孔子学院各类学员达 38 万人，占全球 36%，比 2014 年增长 35%。平均每所孔院 2400 余人，每所课堂 400 余人。奥克兰大学、波特兰州立大学、肯塔基大学、亚利桑那大学孔子学院及下设课堂学员均超过万人。很多美国学生的家长都非常希望学校能提供汉语教育，因为他们意识到中国经济发展速度很快，通过孔子学院这一平台，学习汉语知识，了解中国文化，能有效提升美国下一代的成长空间。

从国内来看，2014 年创办的大型公益文化品牌——孔子学堂，包括乡村、社区、学校、企业、机关等板块，既是一个文化传播的平台，也是一个道德建设的载体。这个学堂，以“仁爱”为学堂之魂，以“诚朴、刚毅、乐学”为学堂之训，以“写好字、读好书、做好人”为学堂宗旨，以“修身立志、怡情养性、健全人格、追求成功”为学堂理念，以培养“文质合一、内外兼修、知行统一”的现代君子为追求目标，既不是内容形式的复古，也不是单纯的读经与国学培训，而是通过“孔子学堂 + 互联网”的模式，把核心价值观通过学堂落小、落实、落细。到目前为止，近 700 余所孔子学堂已在全国 29 个省份落地。2016 年成立的“全球祭孔联盟”，得到了海内外文庙及儒学机构的积极响应，从当初的 20 多家成员单位，到目前已达 60 家。“2017 全球同祭孔”直播活动，20 多家儒学机构、几十家孔子学堂共同参与，观看人数超过 50 万人。

四、坚定不移地把孔子学说和中华优秀传统文化在山东省发扬光大

山东省是齐鲁圣地、孔孟之乡，文化资源丰富，文化底蕴深厚，在文化自信上具有独特优势和基础条件。应着力打好“孔子牌”，通过尼山世界文明论坛、世界儒学大会、尼山书屋等平台，推动齐鲁文化既在“器物”层面“走出去”，又在价值层面“走出去”，推动文化繁荣发展，加快经济文化强省建设，在弘扬优秀传统文化上走在前列，努力为建设文化强国贡献山东省智慧和力量。

（一）丰富齐鲁文化的内涵和体验感

在建设现代化强省进程中，推广乡村儒学、社区儒学等形式，让孔子学说真正走进社会、走进百姓当中。做好“旅游+”文章，在游览“三孔”的基础上，通过孔子六艺城等集知识性、娱乐性、参与性、历史性、趣味性于一体的大型文化旅游中心，让游客在购物、美食、旅游、娱乐中，体验孔子一生崇尚和倡导的“礼、乐、射、御、书、数”六艺；通过孔子博物馆等高科技、大众化、体验式的场馆，既与世界文化遗产“三孔”相呼应，又与中国传统文化的“北斗七星”相契合，让游客在寓教于乐中体验儒家思想；通过孔子学堂等载体，以广大学生为主要对象，教授传统礼仪，行开笔礼；通过在彩票上印制孔子画像和《论语》中的名言警句，让更多的人了解孔子及其言论，引导彩民关注社会困难群体，这也符合孔子“仁者爱人”“博施于民而能济众”的仁爱精神。通过类似的方式，让人们在体验中华传统文化的同时，更好地弘扬、传承中华传统文化。

（二）让祭孔大典成为重大礼仪和社会风尚

中国是礼仪之邦，向来重视礼仪活动，祭祀则是其中最重要的方面，所以古时有所谓“国之大事，在祀与戎”和“礼有五经，莫重于祭”的说法。《周礼》还有“以祀礼教敬”之说，祭祀之礼用于培养人们的敬畏之心。古人祭祀天地，祭祀人鬼，都是为了表示敬畏和敬重。祭祀孔子，代表了我们对以孔子为代表的中华传统文化的尊重与礼敬。例如，湖南的千年学府岳麓学院，从2013年起恢复了中断百年的祭祀先圣仪式，沿用孔庙祭祀中规格最高的“释奠礼”，并通过诵读《论语》《中庸》《大学》等，向先师圣贤及古代教育传统致敬。因此，从文化传承的角度看，可学习借鉴这一方式，在全国各高等院校特别是文科类院校，开展类似的活动，开设选修课程，通过回望先圣，反躬自省、传承文脉。同时，应将“全球同祭孔”活动摆上更加重要的位置，唤醒根植于华夏儿女血脉之中的仁爱、敬畏和责任，教育和引导我们每一个人做一个有良知的公民，为实现中华民族伟大复兴的中国梦提供有力支撑。

（三）加强与世界各国的文化交流与融合

古人一直主张，四海之内皆兄弟。《论语》中，当司马牛说他没有兄弟时，子夏很快补正，“四海之内皆兄弟也。君子何患乎无兄弟?”在古人看来，四海之内人们都应相亲相爱，友善对待。古人还提出，“四海相通”“天下一家”，四海之内“无幽闲辟陋之国”。这里面说的是不同国家的文化在根本上具有相通性，文化文明是可以交流的，没有隔绝于文化交流之外的化外之地。我们应该看到文化的可交流性，看到文明背后的共同价值观念。不同文化样态虽有区别，但都有真善美的内容，都是可以交流的。文化自信不能阻断文化交流，提倡文化自信的目的不是让文化走向封闭，不能关上门讲自信。相反，要在促进文化交流中进一步提升自信，在文化交流中深刻认识自身的独特价值，在文化交流中向世界传递中国价值、彰显大国自信。目前，我省已与150多个国家和地区建立了文化交流关系，省直及各市艺术院团平均每年赴国外、境外演出交流1200多人次，举办演出、美展、非遗展1000余场，成为我国对外文化交流最活跃的省份之一。2017年，世界五大太阳文化发源地（秘鲁的马丘比丘、印度的科纳拉克太阳神庙、埃及的阿布辛贝勒神庙、希腊的德尔菲—阿波罗圣殿、日照的天台山）齐聚日照，以太阳文化为主题，联合举办了“太阳文化研讨会”，在促进文化交流的同时，也为加强相互间经贸合作搭建起广阔的平台。当前，犹如让孔子再次“周游列国”，山东省可以充分发挥齐鲁文化的独特优势，利用这些平台，在世界范围内宣传中国人坚守了几千年的文明、礼仪、仁爱、道德、和谐的传统美德，充分展示中华文化的时代风采，树立“和为贵”“讲信修睦”的大国形象，为中国争取更为有利的发展环境。

总之，在中国综合实力和影响力不断扩大的今天，文化建设的地位更加重要，作用更加凸显。正如习近平总书记所讲，坚定文化自信，是事关国运兴衰、事关文化安全、事关民族精神独立性的大问题。中国传统思想文化体现着中华民族世世代代在生产生活中形成和传承的世界观、人生观、价值观、审美观等，这是我们最突出的文化优势、最深厚的文化软实力。展望未来，我们要以“世界眼光、国际标准、山东省优势”为立足点，进一步看清中国文明的绵延之路，深入挖掘中华优秀传统文化蕴含的思想观念、人文精神、道德规范，让孔夫子的话越来越国际化，向世界传播和讲清楚中华文化的独特创造、价值理念、鲜明特色，坚持中国的文化立场，提出中国的文化方案，为建成富强民主文明、和谐美丽的社会主义现代化强国贡献力量。

美国城镇化的经验和启示

莱芜市政府研究室主任　潘大海

2017 年 9 月，笔者有幸参加了山东省政府研究室系统赴美“政府政策研究与智库对策研究结合路径方法”培训。培训地点主要在巴尔的摩大学和纽约大学，期间也拜访了华盛顿、费城等城市的智库、大学等机构。美国东海岸是美国最早开发的地区，发展已经非常成熟，所到地区的城镇化程度之高、城乡发展之均衡令人印象深刻。就此问题，笔者与当地专家进行了深入交流并查阅相关资料，发现确有许多经验值得学习借鉴，也有一些教训需要吸取。

一、美国城镇化发展的经验

城镇化是一个国家经济社会发展的必然趋势，也是现代化的重要标志。美国是一个高度城镇化的国家，国土面积 963 万平方千米，截至 2017 年末人口数量达到 3. 23 亿，城市居住人口超过总人口的 92% 。全国 50 个州，3043 个县（郡），35153 个市、镇（村），基本达到城镇一体化、农村城镇化。美国城镇化进程起步于工业革命后期的 19 世纪 30 年代，到 20 世纪 60 年代基本完成，成绩令世人瞩目。

（一）美国城镇化的历史进程

美国城市发展源于 1609 年开始的欧洲移民，由于地缘因素和自然优势，早期城市作为商品集散地，主要集中在东海岸的港口，如纽约、波士顿、查尔斯顿和费城。随着近代工业化发展，非农业人口逐渐向城市转移，并最终超过农业人口，其城镇化的历史大致可以分为三个时期：

1. 城镇化初期（1830—1865 年）

这一时期是美国工业化的早期，也是城镇化的关键时期。工业和相关产业在空间上的集聚促进了城镇化，城镇化又推动了工业和相关产业的发展。此阶段城市集中于城镇化开始的地方，即美国东北部。全国城市人口比例由 1830 年的 8.8% 上升到 1860 年的 19.8%，城市人口以每 10 年平均增长 5.7% 的速度增加，城市规模也相应增大。1820 年 10 万人以上的城市仅有 1 个，而到 1860 年就增加到了 9 个。同时，交通运输的改进和“西进运动”，带动了中西部和五大湖区城市的发展；制造业向东北部集中，导致了区域经济的分化，1840 年新英格兰和中大西洋地区的非农产业就业份额分别高达 38% 和 32%，而其他地区则要低得多。

2. 城镇化发展中期（1865—1920 年）

美国工业化、城镇化加速发展，且基本同步进行。到 19 世纪末基本完成工业化进程，1920 年美国城市人口超过农村人口，城镇化初具规模。在此期间，美国工业化向西部转移，五大湖周围的东北部和中西部地区制造业带开始形成，工业经济成熟，实现了由农业社会向工业社会的转变。“一战”结束后，美国城市人口由 1860 年的 1000 万激增到 1920 年的 5400 万，占总人口比例由 1860 年的 19.8% 上升至 1920 年的 51.2%，已与我国 2017 年的 57.4% 较为接近。同时，农奴制的废除、交通革命的兴起促使人流、物流、资金流自东向西流动，推动工业化和城镇化向西延伸，城市开始向多中心结构发展，大量的人口和产业活动集中在市中心，并且不断竞争兼并，产业的集中度越来越高。

3. 城镇化后期（1920 年至今）

随着美国产业结构的逐步完善，交通运输技术、通信技术、人均收入水平逐步提高，城市郊区的区位优势日益凸显，人口郊区化以及产业郊区化趋势开始出现。城市人口密度明显下降，美国人口调查局资料显示，2010 年城市的人口密度为 904 人/平方千米，比 1950 年下降了 27%。郊区人口和就业岗位占比一直在上升，1950 年郊区和城区的人口之比为 43∶57，就业岗位之比为 30∶70；到 1990 年这两个比例分别上升为 63∶37 和 55∶45。郊区化使都市区数量以及规模不断扩大，1940 年美国有 138 个都市区，占全国总人口的 50.9%，到 1990 年都市区的数量上升到 335 个，其人口份额升至 77.6%。

（二）美国城镇化的主要特点

经过近 200 年的发展建设，美国现已形成以大城市群、城市带为基础，中小城镇重点发展，层次清晰，特点突出，功能完善，结构立体的城镇化发展模式。这种模式具有以下几个特点：

1. 城市小而多。美国的“小城镇”有两个概念，一种是小城市，还有一种称为小镇。美国的小城镇往往是由居民住宅区演变而来，一般 200 人的社区就可申请设“镇”，如有足够的税源，几千人的社区就可申请设“市”。美国的城市大多规模不大，在洛杉矶 88 个市中，最小的市常住人口只有 900 人，但工作人口有 7 万多。美国国家统计部门往往只统计 3 万人口以上的城市，这类城市美国有 1100 个，约占城市总数的 90%；全美国 10 万～20 万人口的城市有 131 个，20 万以上人口的城市有 78 个，300 万以上人口的城市有纽约、洛杉矶、芝加哥、华盛顿、旧金山等 13 个，城市规模差异很大，但以 3 万～10 万人口居多。美国城市星罗棋布，遍及全国每一个角落，小城市是其中的主力，近 30 年发展起来的大都会、城市群

（带），就是大批小城镇的集合，而不是靠无限扩张中心城市规模。

2. 城市集聚度高。大量的小城市快速发展，逐步形成密集的城市群（带）。从地区来看，全国可分为 3 个著名的城市群（带）。第一个城市带在美国东北部，北起波士顿、南到华盛顿，绵延 700 千米，宽约 100 千米。第二个城市带在五大湖南部的工业地带，从密尔沃基开始，经过芝加哥、底特律、克利夫兰到匹兹堡，许多城市地区已经连成一片，城镇和工业区相互交错，难以分辨是哪一个城市的郊区。第三个城市带在加利福尼亚州，北起旧金山湾区，经洛杉矶、圣迭戈直到墨西哥边境，形状像一个“哑铃”。本次我们培训活动地点就位于美国第一城市带，从华盛顿驱车前往纽约，一路经过费城、巴尔的摩和数不清的中小城镇。其中，纽约位于美国纽约州东南部大西洋沿岸，是美国第一大城市及第一大港口，同时还是美国人口最多的城市，纽约市有人口 900 万左右，而整个纽约大都市圈人口则超过 2000 万，全市总面积 1214 平方千米，是一座国际化大都市，也是世界上最大的经济中心之一，直接影响着全球的金融、媒体、政治、娱乐以及时尚。

3. 城市独立性强。美国是一个联邦共和国，各州相对独立，各城市的独立性也很强，强调各市自治。美国政府的结构大致分为四级：联邦政府、州政府、县政府、市政府（镇、村严格意义上已没有太多的政府职能）。各级政府没有从属关系，各级政府只管法律赋予自己的事情。联邦政府一插到底，直接管理自己所属的事务，如国税、移民、海关、邮局等。各级政府尽量少管事，许多市政府只管税收、建设、社会福利、社会安全等。

4. 行政管理机构精简。美国政府内部管理简单化，部门少，政府官员少。小城市政府官员报酬很低，甚至没有，都是兼职。政府的职能，就是为纳税人服务。美国的地方政府按职能来分，大体有两种类型：一种是具有比较全面行政职权的地方政府；另一种是为管理某一具体事项而设立的，如管理学校教育的“学区”，或“卫生专区”“土壤保护专区”等。具有比较全面行政职权的地方政府主要有县政府、市政府和镇（村）政府。

5. 交通十分发达。航空便捷，像本次考察学习所处的第一城市带中的华盛顿、纽约等大城市均有2～3个大型飞机场，航班很多，几乎每分钟都有飞机起飞降落。美国的陆上交通四通八达，6～8车道的高速公路已经成网。像洛杉矶城市高速公路总长1100多千米，单向有的六车道，有的八车道，密如蛛网，纵横交错，立交桥达四五层之多。据统计，东洛杉矶立交桥日均过车50万辆，每分钟达300多辆，可以说是世界上车流量最密集的地方。截至2017年末，美国共有车辆2.4亿辆，家庭平均拥有汽车1.97辆，人均拥有汽车0.77辆，是一个名副其实的汽车王国。

（三）美国推进城镇化的主要做法

1. 价值最大化始终贯穿美国城镇化发展全过程。美国在城镇化的发展过程中，突破了以往对于城镇化的局限性看法，不片面追求城镇化率和城镇化推进的速度，没有简单地用数字和硬件条件衡量城镇化的好与坏，而是以方便人的生活生产需要改变城镇布局功能，不仅有“速度”，而且有“质量”。

2. 利用所有资源推进城镇化。美国各级政府通过制定一系列优惠政策进行招商引资，吸引大量企业入驻。企业的发展，为小城镇带来了可观的经济收入。同时，各行各业的人才不断涌入，带动小城镇的服务业、建筑业等也开始兴起，各项产业飞速发展，小城镇的税收日益攀升，城镇日益繁荣。

3. 出台利农法规，平衡农业现代化与城镇化的发展。美国现代化的农业发展促进了城镇化的推进。联邦政府在推进城镇化的同时制定了一系列促进农业发展的政策法规，促进农业现代化的实现，增加农民的收入，保障农民利益。通过用工业反哺农业，在城镇化推进的同时，保护了农业的发展；通过出台相应的农业法规，对农村发展相关问题进行专项立法，切实保障了农民权益；通过完善农村基础设施建设，实现了对农村的电力设施全面覆盖；通过进行专项拨款，建立专门的农业院校以及科研院所，发展农业技术，培养农业人才，实现了农业的现代化。

4. 整合多种资源，发挥城镇聚集作用。1960 年开始，美国政府推动了一个实验性计划，即“标准城市”的计划，其目的在于深入挖掘大城市的发展潜力，同时分散大城市的人口以解决日益显著的城市问题，使大城市人口流向小城镇，促进小城镇的发展。当时，美国城镇化的重点发展对象已经变为中小城市，小城镇的发展才能从根本上保证城镇化的推进。当前，人口数量小于 10 万人的城镇占美国小城镇数量的 90% 以上，这些小城镇的发展决定着城镇化推进的速度，联邦政府在这些小城镇的发展规划中，注重其自身优势和发展现状，合理配置各种生产资源，培养龙头城镇，提升龙头城镇的影响力，发挥其聚集效应，在城镇向都市圈和城市带的发展过程中消除城乡差别，实现同步发展，均衡发展。

5. 大力发展交通，实现区域间城镇化协调发展。在城镇化的推进过程中，美国实行“交通先行”的原则。1960 年，为了解决城镇化初期东部沿海地区发展优于西部地区的问题，美国发布了一系列法案，国会审议通过《资助道路建设法案》《高速公路法》，增收汽油、车辆的轮胎税用于道路交通的建设。同时，大力修建铁路，构建发达的交通网，带动了西部的发展。截至目前，全世界约 50% 的高速公路通车里程在美国，连通美国所有 5 万人口以上的城市，共计 7. 6 万千米的州际高速公路形成了十字形公路骨架，横贯东西，纵贯南北。

6. 产业技术为主导，促使“四化”同步发展。美国城镇化的推进，是各方面因素综合作用的结果，这点在美国西部发展过程中体现得尤为明显。首先，得益于工业革命的发展，工业化加速推进，蒸汽动力广泛应用，使西部地区交通便利，资本和劳动力加速聚集。其次，合理配置各项产业的发展布局，加快产业的结构升级。第二次世界大战期间，联邦政府在城郊建立了大量的军用工业，战争结束后，政府花费大量资金帮助西部地区将军工产业转变为民用工业。最后，借助新的技术革命，提高城镇化的内在质量和水平。

7. 市场机制为主，适当辅以宏观调控。在城镇化发展初期和中期，美国政府奉行自由经济理论，以自由经济理论作为市场发展的指导理论，政府不进行干预，完全由市场调节经济关系，造成了城镇化发展无序蔓延等一系列问题。在这种情况下，联邦政府进行了深刻的反思，在城镇化率达到50%时，政府选择了最佳的干预切入点，实施市场机制和政府宏观调控相结合的双轨机制，解决了区域性的矛盾问题。

8. 不局限于行政区划，打造大“都市圈”和“城市带”。美国在推进城镇化过程中，不以行政区划为发展界限，不使行政区划将发展资源分切，而是统筹整个区域的发展资源、进行环境保护、重大项目的集中发展建设、大型产业的合理布局，发挥聚集城市的联动效应，利用核心区域的发展带动周边地区的发展。当前的发展模式为建设集中连片，功能完善、层次清晰的城市结构。在这样的发展理念指导下，已经形成了国际性、全国性、区域性、小范围的立体、多维并且结构多样、功能完善的城市发展体系。大“都市圈”及“城市带”的形成，并非由政府人为扩大城市发展行政区划范围所实现的，而是按照小城镇的自然发展轨迹聚集而成的。大城市周边的卫星城和工业区交替出现，不仅抑制了城市规模的膨胀，而且有利于各项产业发展的互补和配套。

二、美国城镇化存在的问题

纵观整个美国城镇化发展历程，郊区化给美国的社会发展带来了一定的好处，如人口密度降低，城市与郊区、镇（村）之间的差距缩小等。但过度郊区化已经成为目前美国城镇化进程中最为突出的问题，造成了一系列严重后果。一是土地资源浪费严重。20 世纪 60—70 年代，农田流失速度增长了近 2 倍，从平均每年 110 万亩增加到 310 万亩。二是经济成本居高不下。郊区化造成通勤成本提高，出行时间加长。过低的人口密度导致公共交通、教育、文化、警力等社会服务和水、电、气、垃圾处理等基础设施支出增加。三是资源能源消耗巨大。由于人们对汽车高度依赖，学校、餐厅、银行、商场等都按照驾车的距离建造，需要建造大量停车场，公共交通难以得到发展，致使美国城市的能耗成为世界之最。四是生态环境破坏严重。原来幽静的田野和乡村逐渐消失，取而代之的是差别不大的低密度住宅区，导致许多珍稀物种大批量灭绝。

三、美国城镇化带来的启示

美国幅员辽阔，土地肥沃，资源丰富，自然条件十分有利于农业生产，加之工业高度发达，科学技术领先，农业生产力效率高，城镇化发展基础良好，所以城镇化的道路进行得比较顺利。与美国相比，我国人口众多，有效耕地面积较少，农业发展比较落后，实体经济水平有待提高，科技创新能力还不够强，城乡区域发展和收入分配差距依然较大。这客观上要求我们必须坚持从实际出发，根据我国国情，分类指导，循序渐进，走出一条具有中国特色的新型城镇化道路。

（一）必须始终坚持党的领导

美国政府实行的是多党执政制度，在进行各项决策之前，各政党要进行不断的争论论证，其中夹杂着党派利益之争，最后得出的方案往往是妥协平衡的结果，而且经常错过应对事件发生的黄金阶段，给人民利益造成巨大损失，这点在美国城镇化进程中表现得尤为明显。例如，在城镇化中期，没有及时对以资本为主导的城镇化加以规划引导，造成市场盲目逐利、郊区无序蔓延、土地资源严重浪费、生态环境问题不断加重等一系列严重问题。而中国能够保持40年的经济快速增长，其根本原因就在于坚持中国共产党的领导，确立了中国共产党领导的多党合作和政治协商制度。在今后的发展改革工作中，我们必须坚持和加强党的全面领导，树牢“四个意识”，坚定“四个自信”，做到“四个服从”，坚决维护和捍卫习近平总书记在党中央和全党的核心地位，坚决维护党中央权威和集中统一领导，坚定不移把习近平新时代中国特色社会主义思想落实到城镇化建设的全过程和各方面。

（二）注重加强对城镇化发展的科学指导

城镇化的推进与市场经济相同，也需要政府的宏观调控与干预。要稳步推进中国的城镇化进程，就要在编制城镇发展规划时，综合考虑地区经济、政治、文化等多方面的因素，考虑城市未来发展时土地资源在各部门之间的合理安排、人口密度以及产业合理布局等问题，既要结合当前城市发展的实际情况，又要为未来城市发展预留出足够的空间，编制具有超前性、科学性和分阶段性的城镇发展规划。应当提高城镇发展规划的制度约束力，城镇发展规划一旦通过，就具有法律效力，不能随意修改。

（三）注重保障群众的合法权益

城镇化价值最大化、社会发展的公平性、人民权利的保证才应当是城镇化推进中的重点。当前中国城镇化的发展主要表现为重“物”轻“人”，主要追求物的城镇化，突出表现在“高楼大厦、大广场、宽道路”，结果就是城市无特点，所有的城市几乎呈现出同样的面貌。对于“人”的城镇化则不太重视，新型城镇化的核心就是要让农村居民获得与城市居民同样的物质文明和精神文明，不解决农民工市民化的问题，没有让农村居民获得和城市居民相同的权利，享受不到和城市居民一样的便利，就没有真正实现城镇化。中国当前在城镇化推进过程中，应当放缓对“数量”和“指数”的追求，转而追求城镇化的“质量”，以人民为中心的发展思想应当贯穿于整个城镇化的进程中。一是要维护好农民农村权益，继续深入推进农村集体产权制度改革，落实好承包地“三权分置”制度，健全土地流转有形市场和网络服务平台，促进农村各类产权规范有序流转。二是要深化户籍制度改革，全面放开城镇落户限制，普遍设立社区集体户，为尚未具有合法稳定住所的外来人口落户提供便利条件。三是提升农村转移人口社会保障水平，推动外来务工子女在城镇公平接受教育，及时将符合条件的落户农民工纳入社区卫生服务体系，扩大社会保险覆盖面。四是加快进城农村人口融入城市生活，加强对进城农民工的就业创业培训，落实相关就业创业优惠扶持政策，切实保障农民工的劳动权益，稳步推进农民工市民化。

（四）注重以产业发展促进地区均衡发展

“先东北部，再中西部，最后西部和南部”，是美国 200 余年城市和区域发展历程的真实写照，以产业发展带动城市和区域发展，以产业迁移带动人口迁移，以产业的均衡分布促进人口的均衡分布，欠发达地区利用后发优势以新兴产业促进区域经济的跨越式发展，最终实现全国区域经济和人口分布的均衡发展，是历史上的美国解决区域发展不平衡的成功经验，也为我国当前的城镇化建设提供了可供借鉴的宝贵经验。国内各地区应当根据自身要素禀赋和比较优势，针对各自经济发展水平和城镇化所处阶段，找准自身历史定位，扬长避短，形成各有优势和各具特色的产业发展模式，培育富有竞争力的特色产业集群，将大城市的综合性全面性和小城镇的专业性独特性相结合，避免盲目上马和同质化竞争。大城市人才丰富，基础设施齐全，应加大产品研发和产业升级，大力发展金融、地产、科技研发、总部经济、高新技术产业、文化创意等服务型行业，积极培育区域研发中心和企业总部，做好与发达国家的对接，进一步提升国际影响力。发达地区城市带的中小城市应结合自身区位和产业优势，与大城市错位发展，珠联璧合，以发展专业化经济为主导，借鉴美国硅谷的产业集聚模式，进一步延伸拓展产业链，做大做强，形成区域和产业集群竞争优势。欠发达地区一方面应利用土地和人力资源优势，积极做好沿海发达地区的产业承接；另一方面应利用特色自然资源和后发优势，大力拓展新兴产业，争取后来居上。

（五）注重大力推进乡村振兴

城镇化的推进是为了让农村居民获得和城市居民同等的物质文明及精神文明，并非“消灭”农民或者消除农村。习近平总书记在参加十三届全国人大一次会议广东代表团审议时强调，城镇化进程中农村也不能衰落，要相得益彰，相辅相成。习近平总书记的讲话表明，城镇化固然重要，但乡村振兴也要同步推进，底线是乡村不能衰落，目标是乡村实现振兴，核心是要形成要素互动、产业分工、区域协作的新型城乡关系。从当前我国的情况来看，单纯城镇化率的提高并没有解决“三农”问题，2017 年我国城乡居民收入倍差仍有 2.71，农村空心化、农业边缘化、农民老龄化现象依然严重，

2018年“中央一号”文件明确指出，我国发展不平衡不充分问题在乡村最为突出，要解决这一问题，实现城镇发展与乡村振兴齐头并进，关键要做到以下几个方面：一是要实现城乡要素的良性互动。乡村要振兴，首要条件就是实现人才、资金、技术等资源要素的回流，完善农村基础设施和公共服务，创造良好的投资、就业、居住环境，改变农村资源“洼地”的现状，首先要实现乡村的要素振兴。二是要实现城乡产业合理分工。产业兴旺是乡村振兴战略的关键所在。产业是经济发展的载体，只有形成城乡合理的产业分工，才能提供有效供给，满足城乡居民的消费需求，为城镇化和乡村振兴提供必要的经济条件；只有形成适合农村地区的优势产业，才能实现农村经济的充分发展，为农村的社会建设、文化建设、生态文明建设、乡村治理等提供坚实的物质保障；只有形成前景广阔的农业农村产业，才能留住更多的人才，让乡村振兴具有源源不断的内生动力。三是要实现城乡区域有效协作。在我国，县域经济是兼容城镇和乡村特点最为重要的区域经济。要形成城镇和乡村同时振兴的良好局面，必须以改善城乡关系为准绳，建立健全城乡融合发展体制机制，推动县域经济的快速发展。同时，要积极推动小城镇建设，通过人口集聚，不断创造出对公共服务和产业升级的需求，对乡村形成良好的辐射带动。

（六）注重加快建设现代交通体系

交通运输是经济社会发展的基础性和先导性产业。美国领先世界的城镇化发展水平，不是体现在大城市上，而是体现在遍地开花的小城镇上，而将它们紧密连接的正是美国高度发达完善的交通运输体系。中国城镇化是人类史上规模最大、速度最快的人口转移运动，预计到2025年，70%的人口城市化，2.5亿农民将要搬家进城；同时，将有一定数量的城市人口迁往郊区，城镇之间的往来将更加频繁。我们应当顺应城镇化发展的客观需要，适度超前谋划，加快构建布局合理、科学高效、形式多样的现代交通体系。一要完善城市群之间的综合运输通道。围绕国家区域发展战略格局，加快完善以高速铁路、高速公路、高等级航道为骨干的国家级综合运输通道，加快民用航空机场建设，增加枢纽机场航班航线，积极发展支线运输，提高国内重要城市之间的交通通达度。二要构建快速一体、结构合理的城际交通体系。大力发展轨道交通，加强省会城市、省内核心城市至省辖市的高速铁路建设，充分发挥高速铁路对城市发展的引领作用。推动公路发展转型升级，结合城镇空间和产业布局完善干线公路网网络，延伸覆盖所有县级结点、重点乡镇、重要产业园区和交通枢纽，加强干线公路与城市道路良好衔接。三是构建集约高效、绿色可持续的城市交通系统，优先发展城市公共交通，有序推进地铁、轻轨、公共汽车等多种方式齐头并进，鼓励发展定制公交、特色公交、循环公交等个性化交通服务，加大对城郊接合地区的公交线网覆盖，更大程度地满足群众出行需求。四是建立均等惠民、便捷沟通的城乡交通体系，提高对小城镇和农村地区的交通供给水平，合理制定农村公路通达级别和通达标准，积极指导、引导各中小城镇发展宜居便行的小城镇客运，鼓励物流企业由城市向农村延伸物流服务链和产业链，打造城乡一体的物流配送体系。

从中美政治制度差异
看中国特色社会主义政治优越性

临沂市政府副秘书长、研究室主任　郭景军

根据省政府研究室安排，2017 年 9 月 10—30 日，笔者参加了赴美“政府政策研究和智库对策研究结合路径方法”培训。通过近 20 天的专题培训和学习，笔者全面了解了美国联邦、州和地方政府公共政策制定与决策过程等相关内容，对中美政治制度差异性有了更深刻的思考，深切感受到中国特色社会主义制度的巨大优越性。笔者现就中美政治制度谈几点粗浅体会。

一、政治制度是人类政治文明长期发展的结果

研究中美政治制度的优劣，首先要了解政治制度的发展历程和具体内涵。在历史发展的长河中，人类社会经历了蒙昧时代、野蛮时代和文明时代三大发展阶段。在原始社会，虽然不存在阶级和国家，但存在着政治制度的最初萌芽因素。人类学家摩尔根指出，“政治社会的建立则是文明伊始以后才有的事情”。当人类跨进有阶级、有国家、有政府、有法律的奴隶社会后，规范意义上的政治制度便随之产生。政治制度属于上层建筑，任何政治制度都建立在一定的经济基础之上，同时它又反作用于经济基础。随着经济社会基础发生变化，政治制度也必然发生变化。从人类历史发展来看，政治制

度先后出现过奴隶制政治制度、封建制政治制度、资本主义政治制度和社会主义政治制度。在未来进入共产主义社会后，随着阶级、国家和法律的消亡，一切社会管理制度、组织机构和规章等都将失去政治性质，各种形态的政治制度也就不复存在。这是政治制度发展的必然规律。

那么，政治制度的内涵是什么？从制度本身来看，社会中的制度多种多样，如经济制度、法律制度、企业制度等，其中每一种制度都是在其领域内限制、调解、疏导某种特殊活动的行为模式和规范。美国经济学家舒尔茨则将“制度”定义为“一种行为规则，这些规则涉及社会、政治及经济行为”。因此，政治制度也不例外。所谓政治制度是指为维护和增强公共利益，在社会政治领域中限制、调节、疏导各类政治实体的法律规定及政治规范的总和。它包括法定制度和法外制度，法定制度又称为“法内制度”，主要是指规范政治实体的政治行为准则的法律，一般限于政治方面的立法，如宪法、政党法等；法外制度是指由于传统、惯例的作用，在现实政治生活中形成的准则。此外，从系统的角度分析，政治制度包括三方面内容，一是国体，指国家政权为哪个阶级所掌握；二是政体，指政权的组织形式；三是政治体制，也就是政治制度在组织制度和行为规范上的具体化。

二、中美政治制度现状存在较大差异

我国与美国地处世界两大洲，虽纬度相近，但走的是不同的道路，政治制度也截然不同。

（一）我国是社会主义政治制度

我国的制度概括起来主要有人民代表大会制度、中国人民政治协商制度、民族区域自治制度等。

一是人民代表大会制度，这是我国的根本政治制度。我国宪法规定："中华人民共和国实行的是人民代表大会制度，中华人民共和国的一切权力属于人民；人民行使国家权力的机关是全国人民代表大会和地方各级人民代表大会。"全国人民代表大会是我国的最高国家权力机关，统一行使国家最高权力，人民代表大会制度是我国的根本政治制度，是实现人民民主专政的政治形式，是我国的政体。全国人民代表大会和地方各级人民代表大会都由民主选举产生，对人民负责，受人民监督。目前，我国选举制度的原则和主要内容一方面在宪法中得到确定，另外，全国人大组织法、地方各级人大组织法和选举法等有关法律法规，对选举具体内容作了详细规定，它们同宪法一同构成了我国社会主义选举制度的法律基础。

二是中国人民政治协商制度，这是中国共产党领导的多党合作和政治协商制度。中国共产党和各民主党派团结合作、互相监督，共同致力于建设中国特色社会主义和统一祖国、中华民族复兴的伟大事业，人民政治协商制度的基本特点主要是坚持四项基本原则，"长期共存、互相监督、肝胆相照、荣辱与共"，各民主党派参与国家大政方针和国家领导人选的协商，参与国家事务的管理，参与国家方针、政策、法律、法规的制定执行。

三是民族区域自治制度，这是在国家统一领导下，在各少数民族聚居的地方实行区域自治，设立自治机关，行使自治权，由少数民族自主地管理本民族内部的地方性事务，行使当家做主权力的一种政治制度，是一种具有中国特色的解决民族问题的政治制度。

（二）美国是资本主义政治制度

美国作为联邦制国家，政权组织形式为总统制，实行三权分立的政治制度和两党制的政党制度。一是联邦设有最高的立法、行政和司法机关。联邦政府有统一的宪法和法律，是国际交往的主体；

各州有自己的宪法、法律和政府机构；若各州的宪法和法律与联邦宪法和法律发生冲突，联邦宪法和法律优于州的宪法和法律。二是美国采用总统制，总统为国家元首和政府首脑。实行分权与制衡的原则，立法、行政、司法三种权力分别由国会、总统、法院掌管，三个部门行使权力时，彼此互相牵制，以达到权力平衡。国会有立法权，总统对国会通过的法案有权否决，国会又有权在一定条件下推翻总统的否决；总统有权任命高级官员，但须经国会认可，国会有权依法弹劾总统和高级文官；最高法院法官由总统任命并经国会认可，最高法院又可对国会通过的法律以违宪为由宣布无效。美国总统选举实行间接选举制、议员选举实行直接选举制。三是政党制度是美国政治制度的重要组成部分。美国是两党制国家，两大政党控制整个国家的政治机构，操纵全国政治生活和各级选举特别是总统选举。民主党和共和党两党长期轮流执政，为了保证两党的统治地位，美国一般实行单名选区制和多数代表制。可以说，两党不仅控制着联邦政府，也几乎控制着所有的州政府和地方政府。

三、比较中美政治制度，我国政治制度优势明显

纵观历史发展进程，一个国家的政治制度，一定要适应这个国家的具体情况才能持久存在和运行。评判它的好坏，应该从三个方面来看：一是它能否保持国家的统一和安定，二是它能否有效率地推动经济与社会发展，三是老百姓对它是否满意。中、美两种政治制度都是人类文明的成果。以美国为代表的西方政治制度是在反封建专制的斗争中产生和发展起来的，它较之专制制度无疑是一个历史的进步，但这一制度是在特殊的历史环境中产生和发展的，不可避免地带有时代的局限性和制度的不完备性，所以才会产生和发展社会主义政治制度，以适应人类社会向前发展的形势需要。社会主

义政治制度产生和发展的历史时期不长，但充分显示了其制度优越性，并且不断在总结经验，加以丰富完善。

从美国政治制度看，根本性质是少数人掌权。美国本质上是一个典型的资本主义国家，代表资产阶级的少数人掌权是美国民主制度的根本性质。为了掩盖政权性质，使国家机器能够以大多数人意志的名义运转，它设计了一整套较为系统的政治制度和政治规范：一是在政治体制上采用“三权分立”和权力制衡；二是在中央与地方关系上实行联邦制，联邦和地方各有一套相对独立的权力机构，根据宪法的权力界定各行其是；三是在行政体制上实行总统制，一个拥有巨大权力的总统负责处理美国的内政外交事务；四是在立法体制上实行众议院、参议院两院制；五是在政党制度上实行两党制，共和党和民主党轮流执掌政权。而在这些正式制度规范之外，利益集团、大众传媒等政治力量对美国政治施加了巨大的体制外影响，使美国的政治运作过程呈现出十分复杂的特性。可以说，美国国内不平等、不民主的现象尤为常见，并非人们所向往的那种“人间天堂”。例如，美国实行三权鼎立或三权分立制度，虽然起到了制衡权力的作用，但立法、行政、司法三个国家机关之间经常产生摩擦、扯皮、互相牵制，致使许多重要决策无法及时决断。在美国，总统提出的议案常常被搁置，如提出建立海军部、内政部、司法部、劳工部的议案得到国会同意分别用了 10 年、39 年、40 年、45 年时间。因此，三权分立制度在一定程度上防止了个人独裁专制，但存在着效率低下、相互掣肘等弊端。

从我国政治制度看，根本性质是全体人民当家做主。一是人民代表大会制度既可以保证全体人民统一行使国家权力，充分调动人民群众当家做主的积极性和主动性，又有利于各国家机关分工合作、协调一致地组织实施中国特色社会主义事业的各项工作。二是中国共产党领导的多党合作和政治协商制度既有利于发扬民主，活跃国家政治生活，又有利于增进人民团结，维护国家政局稳定，还有利于加强、改善共产党的领导和充分发挥民主党派的参政党作用，从而实现统一领导与广泛民主、富有效率与充满活力的有机统一。三是广大劳动人民在共产党的领导下，享有管理国家和社会的各项实际权利。因此，社会主义政治制度不仅在形式上保障了人民当家做主的权利，实质上也实现了国体和政体的有机统一。

因此，社会主义政治制度明显优于资本主义政治制度。结合这次学习心得和平时体会，笔者感觉社会主义政治制度优越性主要体现在四个方面：

一是我国政治制度具有高度组织性。成功的政治体系需要三个要素：国家建构（或国家能力）、法治和民主，一个成功的政治模式就是国家能力、法治和民主三者之间的平衡。由中国共产党组织起来的我国特色社会主义政治制度，最大的优点就是国家能力强，能保证国家集中统一领导，对危机处理具有快捷敏锐性和强大的执行力。例如，对汶川地震等国内灾害的救助，对海外尼泊尔、利比亚的撤侨行动等，这些以人民为中心的重大行动，在西方国家是根本做不到的，而我国特色社会主义政治制度则可以充分发挥高度严密的组织性，形成雷厉风行、快速推进、执行高效的强大能力，短期内就迅速、扎实地做好应急救助等相关工作；我国对经济社会发展、重大政策贯彻执行，同样也是高效组织力量，集中资源办大事、快推进。这些都是社会主义政治制度优越性的集中体现。

二是我国政治制度具有真正的民主性。政治制度设置的基本矛盾是民主与效率。西方所谓的多党民主，相互攻讦扯皮，办事效率低下。例如，美国以权力分立实现资产阶级民主，在多党制、反对党相互制衡下，耗费政治行政资源，经常发生冲突或政权更迭，很难达成同一政体的持续一致，损害社会团结、造成社会分裂。我国是共产党集中统一领导，在同一国体、政体下发挥不同方面的监督，以监督防止违宪违法、失职失误，充分体现了具有中国特色社会主义的选举与监督、协商相统一的新型民主，比西方民主更健全、更有效，既保证了人民当家做主，推进了政治协商，又避免了异体排斥对抗，有利于统一意见的贯彻执行。

三是我国政治制度具有持续稳定性。中国经历了几千年延续不断的文明发展，稳定持续的文明进步不仅为中华民族确保了牢固统一的疆土，更重要的是锻造了中华民族特有的生活方式和思维方式，为历史上的政治稳定和社会进步提供了重要基础。正是在这种历史传统的基础上，经过社会主义革命、建设和改革开放，在中国共产党集中统一领导下，中国特色社会主义制度得以建立、巩固和持续健康发展，走出了落后国家实现现代化的新道路。可以说，我国政治制度的连续和稳定，成为中国特色社会主义的显著特点和优势。

四是我国政治制度具有主动创新性。我国政治制度保障了人民当家做主的地位，维护了人民群众的各项民主权利，提升了人民群众参政议政的能力与水平。这一制度在引导和保证社会发展正确方向、实现社会利益最佳整合、提供科学的行为规范等方面发挥了较好的作用。尽管在功能行使上还存在一些不足，但中国共产党人正以积极、主动的态度，稳妥、有序的步骤进行变革，确保部分相对滞后的制度不断走向完善和成熟：一是把社会主义“政治建设”作为“五位一体”的重要一环，持续加强制度科学化、合理化建设，加快提升政治文明程度；二是依次提出依法治国、依德治国，使法律、道德走向制度化道路，为我国政治建设提供新的重要遵循；三是坚持用动态、发展的眼光看待我国政治制度，积极摸索中国特色社会主义政治规律，摆脱静态模式，持续改进完善，推动我国政治制度充满新活力、更富生命力。这些都充分证明，社会主义政治制度是优越于资本主义政治制度的更高层次的制度文明。

同时，我们也应该充分认识到，中国特色社会主义是一项全新的、伟大的事业，社会主义政治制度建设在世界社会主义发展史上也没有先例。坚持好、完善好中国特色社会主义政治制度，对于发展社会主义民主政治、建设社会主义政治文明，充分调动各方积极因素共同建设中国特色社会主义，意义十分重大。经济社会发展进入新时代，我们必须在以习近平同志为核心的党中央坚强领导下，不断坚持和完善中国特色的社会主义政治制度，推进国家治理体系和治理能力现代化，加快构建系统完备、科学规范、运行高效的政治制度体系，为夺取建设社会主义现代化强国的新胜利奠定坚实的基础，为世界政治文明发展提供更多的中国智慧和中国方案。

从美国智库看市级智库建设

聊城市政府副秘书长、史志办主任　刘延勇

2017 年 9 月，笔者随山东省政府研究室赴美国进行了 20 天的学习考察。期间，既考察了一些美国的知名智库，如城市研究院，也听取了一些地方性小型智库的情况介绍，如马里兰州的人力资源研究院。通过学习考察，结合地方实际，现谈一下市级智库建设的感受。

一、应当更具广泛性

从学习考察的情况看，美国智库类型多样。根据美国智库的隶属性原则，可分为官方智库、半官方智库、民间智库、大学依附型智库四类。从数量上看，美国智库基本上以非营利、非党派、非政府组织的身份独立从事研究活动，多以市场化方式运营，通过服务社会、影响公众的方式多渠道筹集机构运行经费，资金来源广泛，包括政府、公司、社会组织、个人（含会员）等。美国智库的这种架构，可以确保政府决策咨询来源的多样化、多元化，有利于政府听取各方面的意见，作出更为科学的决策。

从我国市级来看，智库主要脱胎于行政机构或事业单位，大部分是依附于政府。例如，在聊城市，主要有市委政策研究室、市政府研究室、市社科院，以及聊城市与聊城大学合作共建的聊城发展研究院等。一方面，总体研究力量比较薄弱，研究人员的数量不多、专业性不强；另一方面，不少研究机构还承担着文稿起草职能，真正能够坐下来进行长期、深入研究的力量十分有限。这样，在政府决策中，智库就很难发挥应有的作用，从而导致决策前没有研究成果做依据、论证性研究等问题的出现。

作为市级智库，从总体上看，还处在发展的初级阶段。要切实在地方经济发展中发挥应有的作用，必须加快发展步伐。在加快发展的过程中，建立多种类型的智库，提高其广泛性应当是发展的关键之一。另外，政府购买服务的允许和扩大，也为民间智库发展提供了空间。一是应抓好现有智库建设。应着力完善体制机制，充分利用高校和研究机构的杰出人才，切实强化其政策研究功能，不断提升研究水平。应广开渠道、广交朋友，吸收广大民众的建议，广泛吸收社会各界人才为咨询委员，建立开放互动的运行机制。二是应抓好半官方智库建设。要充分发挥高校、科研院所的作用，推进智库建设，切实为地方政府决策搞好服务。三是应抓好民间智库建设。鼓励社会各界专家学者、退休企业家等积极建设民间智库，在某个领域进行深入研究，为政府决策搞好服务。各级政府应引进竞争机制，完善招标制度、课题分配机制，以购买服务支持民间智库发展。

二、应当更具独立性

美国智库往往拥有一套独立的运作机制，强调非政府性、非营利性和非党派性，有意识地在研究咨询过程中保持相对独立和超越的姿态。在学习考察过程中，笔者发现无党派、非营利性是美国智库专家经常提到的关键词。但事实上，他们也很难做到独立。例如，给我们讲课的不少专家教授，同时也是民主党或共和党的党员，本身就具有倾向性。但总体上看，美国智库在获取政治立场、支持资金、经营管理、课题选择、经费使用、具体研究、结论公布、宣传影响等各个环节均具有明显的独立性和规范性。特别是在政治立场方面，美国智库学者认为，联邦和地方政府对智库没有管辖权，阐述不同的声音，与政府“调子”不同。

美国智库的独立性既有弊端，也有益处。弊端是容易引起思想的混乱，益处则是百家争鸣，可以为决策提供多种参考方案。而从市级政府看，中国智库缺少的恰恰就是独立性。党委、政府的智库，基本职责就是为党委、政府服务。而独立性的研究机构、高校的研究机构与党政机关过于疏远、交流不够。党政机关只能采用硬性行政管制措施，如用行政指令下达研究任务，对政府智库人员和成果直接考核和奖励，对智库经费直接进行管制、监督与审计，结果导致智库管理体制僵化，行政化色彩过浓。

要加强市级智库建设，应把独立性智库建设放在重要位置。一是推动行政性智库由“文秘型”向“智囊型”转变。行政性的政治咨询机构目前是市级咨询研究最重要的部分，要让他们把主要的精力放到政策的咨询研究上，而相关的文秘工作则交给专门的秘书负责，对于一些非常重要的政策或文件的起草，可以从中抽调部分人去参与。二是加强与高校等科研机构智库的联系与合作。高校等科研机构的智库，既有研究力量，也有服务决策的冲动，缺乏的是对地方经济社会发展情况的了解，对党委、政府政策措施的了解。要促使其成长壮大，充分发挥对地方党委、政府决策的参谋咨询作用，应加强与其联系与合作。在这方面，聊城发展研究院就是一个比较典型的例子。该院由聊城市委、市政府与聊城大学共同组建，由已经退休的原政协主席任院长，其他主要由聊城大学专业人士组成，组建几年来确实提出了很多意见和建议。三是鼓励支持多种类型智库的发展，使其逐步成为市级党委、政府决策重要的参考力量。

三、应当更具开放性

从学习考察的情况看，美国智库具有高度开放性，主要体现在两个方面：一是开放型研究。近年来，美国智库结构向着扁平化发展，大量小而精的智库产生，此类智库注重加强研究人员的流动性，强调减少专职研究人员数量，吸纳兼职研究员，大量招收访问学者，以提高研究实效，同时增进交流协作，减少成本。二是“旋转门”。美国智库最独特的功能就是为政府培养高级人才，成为知识与权力之间的桥梁，充当学界与政界人才的“旋转门”。它们一方面为学者与决策者搭建可以紧密接触的舞台；另一方面，也是高级官员离开政府后的重要落脚点，可以为这些官员提供休养生息、准备再次“入朝”的机会和平台。

从市级智库建设看，在以上两个方面都做得不够，应当予以学习借鉴。首先，开放性不够。无论是党委、政府的研究机构，还是大学等科研院所办的科研机构，都存在行政化、封闭性的问题。在绝大多数情况下，都是依靠自己的力量进行研究，很少外聘专家、学者；自己能研究什么就研究什么，而不是党委、政府需要什么样的研究，就聚焦这方面的专家进行研究。第二，结合性不够。由于我国官员体制的不同，绝大部分官员干到退休。退休之后，很难拿出时间、精力开展研究工作。另外，受干部管理体制的影响，很少有专业研究人员去从事党委、政府的领导工作。因此，极少数情况下才能出现美国式的“旋转门”。应当说，这样就使智库无论从研究队伍，还是与党委、政府工作的结合上，都存在明显的缺陷，在很大程度上限制了智库的发展。

对于市级智库建设，必须在开放性上下功夫。一是建立人才流动机制。智库最宝贵的资源是优秀的人才，市级党委、政府研究机构应建立起固定人员和流动人员合理配置制度和学者访问制度，充分实现政府、高校、研究机构和企业人才的交流与共享，充分发挥人才的作用。二是加强与国内外著名智库的联系与协作。从美国智库来看，大型智库主要集中在国家层面，市级智库的数量、规模都较小。作为市级层面，各智库研究力量较弱，无论眼界还是知识面都与国家级、省级智库存在明显的差别。要切实发挥参谋助手作用，必须加强与国内外著名智库的联系与协作，借助外力，加快发展。三是积极吸收退休官员、企业家参与智库建设。退休的官员、企业家，可能专业知识不够，但对实际情况掌握多、实践性强，对有些问题可能还有自己的见解。将其吸纳入智库，能够明显使智库研究更接地气，更能够联系实际，更能够提高研究成果的可操作性。

四、应当更具权威性

美国智库的成功与其强有力的领导者是分不开的。智库领导者又称“政策实业家”，他们需要具备学界和政界双方面的经验，与商界和媒体保持良好的关系，既是演说家又是实干家，还要愿意投入资源包括时间、经历和名誉来推广他们的价值观，或者促成公共政策。应当说，领导者在每一个智库发展中都起着十分关键的作用。

从市级层面来看，无论公办智库还是民办智库建设，都应把智库领导者的培养作为重点来抓，努力培养一批在聊城市甚至山东全省知名的领导者，提高智库地位，促进智库发展。

建设地方新型智库　推动科学民主决策

滨州市政府副秘书长、调研室主任　刘祖庆

2017 年 9 月 10—30 日，山东省政府研究室组织赴美国开展“政府政策研究与智库对策研究结合路径方法”培训，笔者有幸参与其中，随团进行了为期 3 周的培训学习。通过学习，笔者受益匪浅，很有感触，对新形势下建设中国特色新型智库有了更多的思考。

一、新型智库发展趋势及特点

智库，主要是指以促进政府科学民主决策为目标，以公共政策为对象，以公共利益为导向，以社会责任为准则的专业研究机构。2013 年 4 月，习近平总书记首次提出“建设中国特色新型智库”，由此拉开我国新型智库建设的序幕，5 年来，新型智库发展迅猛，主要呈现出以下发展态势。

一是全球化发展态势越来越突出。据不完全统计，目前世界上有超过 6000 家智库组织，世界经济社会发展日趋全球化，智库组织的国际化、全球化发展成为必然选择。我国改革开放 40 年来，党和政府对决策科学化、民主化的要求越来越高，因此越发注重发挥各级各类智库的作用。党的十八大以来，我国不断致力于促进全球协调发展，从“一带一路”倡议到构建“人类命运共同体”，我国对世界发展的贡献越来越明显，智库建设对全球化发展的需求也越来越突出。

二是专业化竞争越来越激烈。在长期发展中，智库研究几乎涉及政府决策与社会生活的各个方面，智库研究的综合性、系统性特点愈加鲜明。同时，随着新型智库的迅速发展，既出现了大型化、多学科、多专业协调的更大规模智库，也不断分化、产生出具有更专业咨询方向与研究特长的新型智库，如何做大做强自己的专长研究项目与主导成果，成为智库竞争的重点。国内各智库机构凭借自己的研究专长和实力提升影响力，使得相互之间的竞争异常激烈。

三是多学科并用越来越明显。随着党委政府对决策科学化需求变得更加多元，涉及面变得更加广泛，应用多学科知识、多方面专家研究专业性问题，成为智库研究的一大亮点。新型智库的发展由纵横战略策划取代了单维决策谋略，由群脑、智库群的集思广益取代了智囊人物个体智慧的研究，由现代研究方法取代了经验型、推理式传统思维方法，由谋求渗透性长期影响、超前性预案设计取代了简单的短期对策分析和直接性效果评估。智库领域的深刻变革，使智库发展站在了全局发展与战略思维的高度，其跨学科、多专业的特性也更为鲜明，这既增加了智库研究成果的客观性，也加强了智库在更广泛范围内的影响力。

中国特色新型智库的本质属性是“中国特色”，“新型”是指智库的组织形式、运行机制、制度规范等有别于外国智库，也有别于中国传统智库和现有体制内的智库，应该是创新型、开放式、现代化的治理模式。主要有以下特点：

一是突出党的领导。坚持正确的政治方向，坚持中国共产党领导，并不是虚话，而是中国各类智库都必须遵循的基本原则。中国特色新型智库的首要特征，就是中国共产党的领导，为中国特色社会主义事业服务。党管智库并不与智库成果的独立性对立，反而是对智库成果形成与转化的促进和推动。智库研究必须科学、客观、公正、实事求是，研究上坚持独立，但不能在政治上、思想上独立于党的领导。突出党管智库，有利于把人民群众的思想统一到坚持中国特色社会主义共同理想上来，有利于最广泛地调动人民群众的积极性和创造性，有利于积聚推动科学发展、促进社会和谐的正能量。

二是服务中心大局。新型智库的重要特征就是要有大局观、战略视野和政治定力。始终坚持服务党委政府决策与服务社会相结合，以高度的责任感和为民、为国献策为价值追求，紧紧围绕党和政府决策急需的重大课题，开展具有针对性、前瞻性、储备性的政策研究，提出专业化、建设性、切实管用的政策建议，着力提高综合研判和战略谋划能力，实现政策参与的全程化。

三是坚持求真务实。智库的核心价值观在于唯实求真、守正初心、追求真理、实事求是。新型智库的政策研究要坚持科学精神、坚持科学方法、坚持理论联系实际，着力提升新思想、新观点、新理论的生产能力和传播能力。新型智库要参与公共政策全过程，积极开展决策前的可行性论证、决策中的方案设计和决策后的绩效评估等工作。在服务党委政府的同时，坚持为社会公众服务，将社会民众的智慧吸收到公共政策建议中，将党委政府的政策精神传递给社会基层。

二、参加培训的收获和启示

通过3周的培训、考察，对美国政府制定政策的基本理论、体制、手段和措施有了更加系统的认识，并重点了解了其政策决策过程，尤其是制定政策过程中，政府政策研究部门与智库机构、各利益相关方所发挥的作用及如何发挥作用以影响政府决策等内容。笔者深切地感受到，尽管中美国情不同，社会制度各异，但美国在经济社会发展过程中所积累的许多宝贵经验，给了大家十分有益的启示，值得学习借鉴。

一是培训安排充实，收获颇丰。建设新型智库体系，是当前全国新型智库建设的核心任务之一，但如何优化整合现有智库资源，形成完善、明确、清晰的智库运行体系，还需要深入地学习和考量。省政府研究室组织这次培训，既是对《关于加强中国特色新型智库建设的意见》的再学习、再落实，更是为山东省新型智库建设工作明确了目标、指明了方向，培训非常及时。这次培训地点在巴尔的摩大学和纽约大学，两所大学既是知名智库，也是具有较高影响力的智库建设研究机构，授课老师均为相关领域的资深专家。在培训期间，我们对美国政府政策制定制度体系建设情况和组织运行情况进行了深入了解，并实地考察了卡托研究所、美国农业部、纽约市长办公室数据分析办公室、纽约大学公共卫生与政策学院等智库、媒体和政府机构。在培训之余，团组各同志相互交流心得体会，对美国智库运行及建设等方面进行了深入收集和了解，并撰写了多个专题报告，成果丰硕。

二是机制建设是智库发挥作用的关键。美国智库高度发达，总量居世界首位，被称为“政府外脑”“影子内阁”，主要得益于公共政策制定过程中严格规范的决策咨询程序。决策咨询既是政策制定中的重要内容，也是贯穿整个环节的重要保障，完善的决策咨询体制机制为智库发挥作用提供了广阔的空间。对于我国来说，近年来智库发展迅猛，但机制体制尚未完全适应服务决策的目标，还需在智库的人事、薪酬、科研管理、经费管理、国际交流等方面进行积极探索，通过进一步优化布局、重点突破，不断深化智库管理体制改革，加快智库参与决策咨询的机制创新，健全智库建设的制度保障体系，从而构建中国特色新型智库发展新格局。

三是建设中国特色新型智库大有可为。尽管美国智库有可借鉴之处，但也存在许多短板，如由于竞争压力过大，很多智库为了获得稳定的经费来源和生存空间，其政策研究过程和结果往往会受到利益集团、政治团体等因素的制约；在政府决策咨询中，一些决策者也往往选择与自己施政理念、政策主张相近的智库人员进行咨询，这就使智库的独立性、专业性大打折扣。智库建设必须立足本国国情，从中国智库发展的现状看，体制内和体制相关智库组织是新型智库建设的主体。与西方发达国家智库的市场化生存策略不同，我国新型智库建设应将着眼点放在构建一个包含多层次、多领域，且规模不一、各具特色的众多智库和智库类研究机构在内的完善体系，只有这样才能适应新形势下中国特色社会主义建设的理论实践需求。2015 年中央出台《关于加强中国特色新型智库建设的意见》，为建设中国特色新型智库指明了方向，党的十九大特别强调要“加强中国特色新型智库建设”，新型智库建设已成为新时代我国决策科学化、民主化的一场思想革命，标志着国家治理能力现代化已经进入一个崭新的历史时期。

三、滨州推动地方新型智库建设的对策和建议

通过考察学习，对中国特色新型智库建设，特别是地方新型智库建设有了更深入的思考，结合滨州实际，有几点体会和建议。

（一）滨州新型智库建设存在的问题及努力方向

近年来，在上级领导的关心支持和市委、市政府的坚强领导下，滨州市政策咨询和决策服务为政府公共决策做出了一定贡献，但是新型智库建设与民主决策、科学决策还有很大的差距，智库“外脑”“智囊”作用发挥受到诸多因素的制约，新型智库建设还面临一系列

问题。

一是整体力量薄弱。目前，全市智库总体规模偏小、机构设置尚未捋顺、智力支撑质量不高，与市委、市政府日益增长的决策咨询需求存在明显的差距。发挥决策咨询主体作用的党委和政府研究室没有单独设置，而是隶属委办、府办统一管理，专门进行政策研究的人员数量不足。驻地高校中面向地方应用的政策研究队伍比较薄弱，如滨州学院、滨州医学院等，没有相关专业方向。从事信息服务、咨询服务等类型的“软企业”和“智慧企业”发展滞后，民间智库型企业几乎没有。规范型智库数量少、规模小，能自主开展研究、有一定影响力的社会智库更是凤毛麟角。

二是高质量成果较少。智库的作用不仅表现为理论研究，更应体现在服务公共决策上。滨州市深入基层一线调研力度不够，对社情民意的了解还不够到位，研究成果与实践有脱节，与党委政府工作衔接不够。主要通过调研报告等形式，对决策影响力与作用力有所欠缺。能够为决策者提供具有全局性、综合性、战略性、前瞻性的高质量成果的较少，在研究内容上存在碎片化问题，部门研究带有较强的部门利益，不能完全适应决策需要。

三是智库与党委政府之间、智库之间沟通不畅。党委政府与智库之间缺乏经常性的联系机构和联系机制，研究人员难以直接、及时地掌握党委政府关心的重大问题。缺乏相互融合机制，导致各方研究成果要么不深入、要么不全面，难以有效发挥各方面的优势。民间智库发展缓慢，难以调动其积极性。不同类型的部门、机构针对同一个研究课题，分别组织力量研究，之后又分别送达至决策层，造成成果多有雷同，致使智力和物质资金双重浪费。

四是决策咨询渠道不规范。长期以来，智库是否参与决策咨询，并没有制度上的规定和要求，是否参与决策往往取决于决策者选择的偶然，而未被列入决策法律程序。科学决策咨询所依靠的咨询程序，没有完备的制度作保障，单纯依靠决策者和咨询专家的素质，其作用是有限的。通过与美国对比，更加凸显了建立咨询机制的必要性。在工作实践中，政策研究与决策咨询存在“两张皮”的现象，缺乏固定、快捷、畅通的信息传递和成果转化渠道，研究的课题难以有效转化为有用的研究成果，对领导决策咨询的价值不高。

针对以上问题，当务之急要融合提升官方智库，发展壮大民间智库，形成党政智库、科研院所智库、高校智库及社会智库协调发展的地方智库格局，具体来讲，应做到“四个转向”：

一是决策参与方式要实现从“政谋合一”到“问计于智”的转向。智库的决策咨询功能要逐步向“问计于智”“问计于民”转变，不断提升决策的科学化、民主化与法治化程度，充分发挥智库在“以智资政”方面的作用和广阔空间。

二是作用发挥方式要实现从“班子写手”到“政策推手”的转向。传统“谋”“断”合一的决策咨询体制，往往会形成制度惰性和路径依赖，使智库沦为决策的“应和者”或领导班子的“写手”，失去决策咨询应有的价值。因此要建立决策信息、数据等公开发布制度，完善决策咨询研究成果评估制度，打破思想市场的“体制内”垄断，为地方智库释放出更广阔的生存与发展空间。

三是研究方式要实现从“封闭式内部研究”到“开放式决策咨询”的转向。制定完善、规范的决策咨询程序，促进决策的专业化、客观化和公开化。同时制定完善职业能力、社会责任和道德操守等方面的行业标准，以确保提升智库综合素质和保证智力产品的质量，促进智库研究方式从“上级指派任务”和“内部封闭式研究”，逐步转向智力产品的开放式社会市场竞争。

四是选题方式要实现从“自上而下”到“上下结合”的转向。

智库要始终坚持“为政献计、为民解忧”，关注民生问题和弱势群体，把求解重大现实问题与前瞻性战略思考结合起来，发挥智库在参与重大决策提供咨询意见方面的作用，提升决策咨询的研究质量。

（二）对滨州市新型智库建设的几点建议

当前，在全面贯彻党的十九大精神，统筹推进“五位一体”总体布局，协调推进“四个全面”战略布局过程中，在全面推进新旧动能转换重大工程、建设更高质量更高水平的小康滨州过程中，更需要凝聚各方的智慧和力量，推动经济社会高质量发展。为此，我市面向政府各部门、单位及各类院校，遴选人员组建政府新型智库，智库成员将参与市政府组织的重要调研活动，参与市政府重大政策咨询。

一是坚持高标准建设。高端智库建设应坚持“宁缺毋滥”的原则，坚持高标准、高规格、高起点建设。要顺应智库分层化、分众化、分业化发展趋势，突出滨州市特色，找准功能定位，广泛发动党委政府各部门单位、研究院所、企业机构参与公共政策服务，实行政研企错位发展。智库研究应鼓励竞争，形成优胜劣汰的大环境，下一步应在各领域相对成熟的基础上，加强与省内外知名高校、研究机构的合作。加强民间智库的发动工作，同时逐步引进省、市以外的智库机构加入进来，倒逼各类咨询组织不断完善自我、推陈出新。充分利用此次党和国家机构改革的有利契机做好信息公开，为智库开展研究提供必要的资料，并将政策性和学术性相结合，推动咨询服务破瓶颈、解难题。

二是整合资源提升智力。从全市层面建立开放式的服务平台，实现研究资源共享，整合高校、党校、学会与机关研究机构等资源，共同开展针对本地发展中重点问题的研究，促进优势叠加产生“乘积效应”，避免各敲各的锣、各打各的鼓，形不成“主旋律”。强化

“开放搞科研，协作搞科研”的理念，对重点课题，在方式上走联合攻关的路子，加强党委政府调研室、部门和县区、乡镇甚至企业的联合，组建智库建设“联军”，形成联合调研的强大合力。坚持“一切从群众中来，到群众中去”的调研方法，吸纳社会智库参与调研，使社会智库在实践中遇到的问题成为推进智库研究选题的方向，使社会智库在实践中积累的经验成为理论创新的基础，使社会智库对咨政研究的有效参与成为智库建设的新常态。

三是紧紧围绕经济社会发展大局选题。课题选择要紧紧围绕市委、市政府中心工作和重大决策部署，选择与经济社会发展、人民群众切身利益相关的问题。尤其是要将新形势下经济社会中的热点、难点等作为决策咨询工作的重点，展开认真细致的调查研究，深入分析原因背景，提出具有针对性和可行性的建议和对策，充分发挥智库的咨政建言作用。2017 年，为深入贯彻中央、省政策精神，推动“大学习、大调研、大改进”和“不忘初心，牢记使命”主题教育深入开展，滨州市专门制定了《统筹全市大调研工作办法》，明确了市级领导每年要结合分管工作及涉及全市改革发展大局的重大问题，带头领衔课题开展调研的机制，由市几大班子秘书长联席会议负责调度进展、督促落实。充分发挥“外脑”作用，努力构建全市一盘棋、上下联动、左右互动、多方参与、资源共享、有利有效的“大调研”格局。

四是重视高质量成果产出及转化。智库对更高层面的影响力建立在对现实或前沿重大问题的精准解读和深入研究上，智库扮演的是智囊角色，提供的是智慧产品，只有扎扎实实地做好基础工作，拿出过硬成果，才能真正体现其应有的价值。因此，滨州市新型智库必须做好“四类研究”：要做好宏观战略研究，以引领性战略方案提供具有启发性的前瞻概念、思路与框架；要做好跟踪研究，在政策评估、预警与纠偏方面填补党委政府政策观察盲点；要做好微观调查研究，持续为党委政府提供客观真实的事实、数据来源，成为党委政府不可替代的第三方信息源；要做好问题研究，对亟须解决的现实问题，及时提出于法周延、于于事有效的解决方案。同时注重研究成果转化应用，智库研究成果不仅要体现高质量，还要体现多样性和时效性，要将研究成果以多种形式及时提交给决策者参考。

五是建立健全各项机制。从滨州市实际的情况看，目前可以起到智库作用的大部分是隶属政府或事业单位和半官方性质的组织、团体，包括党政机关研究室、社科院、党校、驻地高校等，要建设成为专业化的现代高端智库，必须依照智库发展的特点和规律，加大智库管理体制机制改革的力度。要严格按照《关于加强中国特色新型智库建设的意见》要求，通过深化智库人事、科研、评价、经费和外事管理制度改革，逐步解决好行政管理中种种与智库工作活动需要脱节、不适应智库工作特点的问题，充分调动各方面的专业人才和智库资源向党和政府决策服务最需要的方面集中。进一步完善决策机制，把决策咨询作为执政施策必要程序，把智库作为决策体系重要组成，问计智库、善用智库，支持智库参与决策，凝聚建设更高质量、更高水平小康滨州的智慧力量。

美国乡村旅游发展经验的思考与借鉴

山东省人民政府研究室　马学钊

2017 年 9 月，我有幸跟随山东省政府研究系统的领导和同事，赴美国参加政府政策研究与智库对策研究结合路径方法培训，考察交流政策研究方法，学习借鉴智库建设经验，提高政府研究系统决策服务能力。培训期间，我发现乡村旅游已经成为当下美国比较重要的旅游方式，在美国旅游业中占有很高的比重，极大地促进了美国乡村经济的转型与复苏。通过与当地专家学者交流、查阅有关资料等对美国的乡村旅游发展进行了深入了解和细致的思考，发现确有许多做法值得我们研究、借鉴。

一、美国乡村旅游的发展历程

近年来，乡村旅游在发达国家的乡村地区迅速发展，极大地推动了当地的经济发展，被看作是阻止农业衰退和增加农村收入的不可替代手段，并已成为发达国家重要的旅游方式和新的经济增长模式，初步成为新的创汇产业。从全世界来看，乡村旅游最早起始于欧洲，至今已有 100 多年的历史。20 世纪 70 年代，由于发达国家城市化高度推进，乡村旅游在欧美地区取得显著发展，美国逐渐成为全世界乡村旅游发展比较成功的国家之一。根据美国旅游协会的数据显示，旅游业已经成为美国产业排名第 3 位的产业，可以说美国每10个人中就会有1个人的工作是由旅游业直接或间接创造的。美国旅游业能够确定取得这么巨大的成就，与其乡村旅游的突出贡献密不可分。研究数据表明，美国的国内游客一直是乡村旅游的忠实粉丝，有超过半数以上的旅游是在一个州内进行100公里以上的旅行。

从时间维度看，美国乡村旅游最早可以追溯到19世纪中期的乡村生态旅游，主要经历了五个阶段的发展历程。①上层社会人士到郊区度假。19世纪中期，上层社会人士对这种旅游方式极为的推崇和热衷，就经常组织到郊区乡村度假旅游。②城市居民自发到郊区旅游。二战以后，随着美国城市化的迅速发展，城市人口和建筑物的高度密集，以及城市生态环境的日趋恶化，城市居民的收入逐步升高，农村自然风光游也慢慢成为美国城市居民旅游的时尚首选。③郊区旅游+休闲娱乐。到20世纪70年代，美国乡村休闲农场作为一种新型的乡村旅游形态，把农场、庄园进行规划建设，提供徒步旅游、骑马、滑翔、登山、漂流、参加农事活动等多种休闲项目。④以“购、食、游、住”为主的观光+休闲。这个阶段，美国乡村旅游不再局限观看田园景色，开始建设以具有观光休闲功能的观光休闲农业园，结合购、食、游、住等多种方式进行经营，这也标志着乡村旅游从农业和旅游业中独立出来，成为一种新型交叉产业。⑤乡村文化旅游。到20世纪90年代，美国乡村旅游的区域从纯正的乡村区域向大中城市的周边集中，华盛顿、纽约、洛杉矶等大城市的周边开辟出大量的休闲农业、农业文化遗产等休闲旅游区域，乡村旅游也逐渐从休闲观光向乡村文化旅游方向发展，旅游形式和范围主要包括民俗风情、民族文化、农耕文化、农舍建筑、节庆活动等，这为休闲农业旅游向纵深化发展提供坚实的基础。

二、美国乡村旅游发展的原因

通过与美国智库专家的座谈交流和查阅相关资料，美国乡村旅游取得快速发展的主要原因有以下四点：

一是便捷的交通出行网络。美国的高速公路、铁路网络等交通基础设施建设为乡村旅游发展提供了强大的服务支持。二战后，美国洲际高速公路、铁路以及配套的二级公路网络发展十分迅猛，使得想去美国的任何一个乡村地区都非常的容易，这极大促进了美国乡村旅游的发展。美国的高速公路四通八达、道路平坦、视线开阔，驾车行驶的同时就可以欣赏沿途的自然风光。另外，美国车辆 GPS 导航系统发展比较早、技术好，网络也比较先进，只要在手机下载谷歌地图，就可以通过导航驱车到访想去的地方，这也为美国乡村旅游发展提供了强大的技术支撑。

二是完善的国家公园体系。20 世纪初，罗斯福政府期间，在许多爱好自然的保育人士推动下，美国逐步建立起国家公园系统。尤其是 1905 年美国林务局的成立和 1916 年国家公园管理局的成立，使得大片自然风光优美的荒野地被预留出来，作为生态保护和民众游憩。二战以后，美国经济的发展势头向好，为应对地广人稀导致农业生产相对过剩这一突出问题，美国政府推出农业生态补偿计划，将大量的农业用地转化为非农用地，其中部分土地被开发成国家公园、野生动植物保护区、公众休闲游憩区，这也成为推动乡村旅游发展的重要原因之一。从 1872 年美国第一个国家公园——黄石公园成立至今，美国共建立了 59 个公家公园。特别是由于美国的国家公园门票收费很低，有一些甚至免费，这也间接推动了美国乡村旅游的发展。

三是必然的乡村发展方向。美国虽然是头号发达国家，但它的乡村经济发展也存在不少的问题，如农业人口流失，农产品价格下降，农民收入得不到保障等。美国经济重组改革后，传统农业已无法成为农村经济发展的支柱产业，政府和广大农场主都在大力寻找乡村经济的发展方向，在这种情况下发展乡村旅游也就成为必然的选择。

四是强烈的旅游市场需求。美国作为世界经济强国，居民的生活水平普遍较高，对旅游的需求也逐年增长。美国是一个比较热爱休闲和冒险的民族，居民生性喜欢旅行和探险，对乡村的生活充满向往，徒步、滑雪、骑马、垂钓、漂流、冲浪、登山等户外项目在民间都十分盛行。可以看出，美国的乡村旅游发展有着强烈的客户需求和广阔的市场前景。

三、美国乡村旅游的主要类型和发展特点

根据乡村旅游项目资源来划分，美国的乡村旅游主要包括以下几种类型：①遗产旅游。这是一种休闲旅游，主要是关注我们所继承的一切能够反映这种继承的物质与现象，从历史建筑到艺术工艺、优美的风景等的一种旅游活动。历史文化遗产是遗产旅游的主要代表，主要是利用废弃钢厂、煤矿、采伐场、战争遗址、名人住房旧址等载体进行开发，让旅游者从中体验那些代表或再现历史真实场景的场所和活动，主要分布在美国俄亥俄州、宾夕法尼亚州和印第安纳州。②生态旅游。这一概念是由世界自然保护联盟（IUCN）于1983 年首先提出的，1993 年国际生态旅游协会把其定义为：具有保护自然环境和维护当地人民生活双重责任的旅游活动。由于美国地处寒、温、热三个气候带，地形地貌丰富多彩，造就了不同风貌、各具特色的国家公园，一年四季均对外开放，可供游客前往游览。研究显示，游览国家公园、到环境优美的景区露营、徒步旅行等将

逐渐成为未来50年的旅游趋势。③农业旅游。是把农业与旅游业结合在一起，利用农业景观和农村空间吸引游客前来参观的一种新型农业经营形态，即以农、林、牧、副、渔等广泛的农业资源为基础开发旅游产品，并为游客提供特色服务的旅游业的统称。这种兼有娱乐和教育培训意义的参与式的乡村旅游形式，满足了游客体验乡村生活的愿望。主要包括农产品市场、乡村音乐会、宠物农场、采摘果实、收割节庆、葡萄酒酿造厂、牛奶场、农业历史博物馆以及私有农场游憩活动如打猎和越野滑雪等。

综合分析，美国乡村旅游主要有以下三个特点：

一是政府政策的强大支持。美国各级政府对乡村旅游业都有合理的规划和一系列扶持政策。20世纪50年代后期到60年代期间，美国政府的公共土地政策开始从生态保护向游憩利用倾斜，户外游憩资源评估委员会于1958年成立，使得这一时期成为户外游憩的黄金时期，也是美国乡村旅游取得快速发展的重要时期。1964年-1968年，先后通过了《荒野条例》《国家荒野和风景河流法案》《国际走道系统法案》，在这些政策的支持下，美国乡村发生了翻天覆地的变化，农场、牧场纷纷涌现。近年来，美国各级政府部门在信息引导、业务培训、资金支持等方面，为乡村旅游发展提供了大力支持和优质服务。为给乡村旅游经济发展创造更好的环境，1973年美国国会颁布了《国家旅游法》，各州议会也相继颁布法律，对申请开办乡村旅游经营的个人或组织、经营规模大小、土地房屋租用、生态环保、安全规定等方面都建立了相关的法律程序和规定，进一步加大对乡村旅游的规范管理和支持力度。比如，许多州分别制定新的税收立法，允许市政当局针对用于商业用途的食宿服务进行征税，一般被称为床位税、房间税等，这一税收政策被认为是迄今为止对美国乡村游的发展最具影响力的政策。

二是旅游消费的习惯养成。美国的人均国民收入一直位居世界前列，随着拥有的假期越来越多，财富富有的国民出游就不仅仅满足于观光，他们更多的追求体验、休闲感觉，这些新的旅游消费习惯的逐渐养成，对乡村游的发展起到相当积极的推动作用。这一趋势具体表现是，文化遗产观光游开始广受青睐；对乡村生活的兴趣日益浓厚；因为对健康问题的关注程度不断提高，人们更加向往宁静、无压力的乡村生活。此外，由于美国经济发展和医药科技水平提高，老年人数量逐渐增多，为乡村体验和休闲康养增加了巨大的市场潜力。

三是市场营销的巨大助力。美国善于通过市场营销手段激发市场消费活力。其中，最有效的手段是节日营销。数据表明，1980 年以来，美国各地的年度性节日平均以每年 5% 以上的速度增加，许多乡村游都是从这些节日演变而生。比如，美国的威斯康星州以“汉堡之乡”在全世界闻名。目前，越来越多的地区开始依赖于年度节日所带来的品牌效益，与农事相关的节庆活动也成为乡村旅游发展的新尝试。比如，旧金山半月湾南瓜艺术节、北卡罗来纳州草莓节、加州吉洛伊大蒜节、威斯康辛州汉堡节；还有极具乡村景观的纳帕谷以葡萄园种植而闻名；而明尼苏达、威斯康辛、密西根州以其特有的农业种植结合五大湖区形成优美的乡村景观。

四、当前国内乡村旅游发展存在的主要问题

总的看，虽然近几年国内乡村旅游蓬勃发展，但仍处于发展初级阶段，还存在一些薄弱环节、发展瓶颈、客观制约，亟须下力气予以解决，与美国、日本、中国台湾等乡村旅游发达地区相比，还有不小差距。突出表现在：

一是基础设施亟待完善。受城乡二元化体制影响，广大农村地

区基础设施欠账较大，乡村旅游公共服务、环保设施落后，旅游集散中心、咨询服务中心、道路及旅游交通标识、旅游厕所、医疗保健、环保设施、垃圾处理、污水处理、停车场、安全饮水、通信信息等设施还不能适应高品质乡村旅游的需要。

二是融资渠道不畅。由于规划滞后，农村地区土地产权不明晰，农民利用宅基地、房屋等资产从事交易依然受到严格限制，城镇资本只能租赁农村土地、宅基地和房屋，不能买卖购置，农村信用制度不完善，扶持政策不明朗，保险公司保险难等原因，增加了农村投资的法律和社会风险，导致农村融资速度缓慢。

三是精品产品缺乏。尤其是在品牌化、产业化、规模化、连锁经营方面还很不完善，产品同质化、低质化的现象依然突出，农家乐仍是主要业态，产业链条短，综合收益较低。

四是财政支持不够。乡村旅游基础设施建设、教育培训、规划编制等都需要政府持续投入。从全国和山东看，相对传统村落保护、民俗文化传承、社会养老等，对乡村旅游的财政支持力度明显偏小，支持力度需要进一步加大。

五是人才极度匮乏。乡村旅游经营者为农民，服务对象主要为城镇居民，农民长期从事农业生产，对乡村旅游经营管理和服务比较陌生，导致乡村旅游策划创意水平不高、经营粗放、服务水平不高。另外，当前农村面临“空巢化”的趋势，虽然有了一些支持农民工、大学生和退役士兵等人员返乡创业的政策，但吸引力还远远不够，人才匮乏问题依然十分突出。

五、美国乡村旅游发展对国内及山东省的经验启示

借鉴美国乡村旅游发展的经验，对国内特别是山东省的乡村旅游有以下六点启示。

一是强化政府主导作用。发展乡村旅游是解决“三农问题”的关键，也是实现两个一百年和新型城镇化的重要产业支撑。要加快出台和完善推进乡村旅游发展的法律、法规、政策，重点出台涉及农村土地流转、乡村旅游标准与规范、旅游开发与资源保护、投资权益保护、城市资本使用等法律法规，以规范乡村旅游市场秩序和经营管理行为，对乡村旅游进行宏观调控和规范管理。要创新涉农资金管理使用机制，坚持先行先试，在性质不变、渠道不变、管理不变的前提下，整合水利、农业、海洋渔业、林业、民政、文化、旅游等部门涉农资金，重点用于乡村旅游整体开发，形成水利风景区、农业公园、休闲渔业示范园、森林公园、养老养生基地等与乡村旅游融合发展的多业态格局。

二是合理科学规划布局。发展乡村旅游，要坚持规划先行。要结合“美丽乡村”“土地利用”“村镇建设”“生态文明”“特色小镇”“风情小镇”等各类各级规划，编制乡村旅游相关规划，保证乡村旅游的科学发展。在制定相关政策、专项措施的同时，旅游部门与规划部门要尽快出台配套实施细则，为乡村旅游发展规划提供科学、全面、可行的参考。针对乡村旅游缺少设计的问题，可以设立设计奖励和补助资金，实施“保姆式”服务，为乡村旅游村落和项目统一配备“免费”的设计师，提升乡村旅游项目的设计水平。

三是推动乡村全域旅游。当前，乡村生态、生产、生活已经成为重要的旅游资源，尤其是特色传统村落、完美自然生态、地道乡村民俗、村民生产生活等，正在成为独具魅力的乡村旅游资源，坚持“处处都是旅游环境、人人都是旅游形象”的全域旅游理念，发展全域旅游已经成为乡村旅游发展的必然要求。一是将发展全域旅游作为发展乡村旅游的战略举措，在政策和资金方面给予大力支持。二是坚持城乡一体化标准，广泛采用 PPP、众筹等模式，加快道路交通、公共停车场、公共厕所、游客咨询服务中心、集散中心、无线网络、上下水管网等基础设施建设，提升公共服务能力。

四是做大做强旅游规模。乡村旅游是农民增收致富的重要渠道，也是实现两个一百年和新型城镇化的重要产业支撑。针对当前乡村旅游存在的规模小、档次低等问题，一方面紧紧抓住农民主体核心，引导农民利用承包地（包括耕地、林地、牧场、水域等）、宅基地、房屋等，兴办农家乐、渔家乐等经济实体，引导农民通过组建乡村旅游专业合作社不断提高发展水平。另一方面，总结推广乡村旅游发展先进地区经验做法，在坚持农民主体、农民受益前提基础上，通过租赁、合作、入股、加盟等方式，对具备条件的乡村旅游资源连片地区，引进资金实力雄厚、开发经验丰富的投资商进行整体开发，形成农户＋公司＋市场的经营模式，实现规模化发展。

五是切实解决投融资难题。由于农村土地产权不明晰，农民利用宅基地、房屋等资产从事交易依然受到严格限制，城镇资本“下乡”受到严重制约，只能租赁农村土地、宅基地和房屋，不能买卖购置，这对城市资本投资乡村旅游影响最大。此外，缺乏乡村旅游企业主体、农村信用制度不完善、扶持政策不明朗等原因，加大了投资风险，导致农村投融资速度缓慢。建议加快出台和完善推进乡村旅游发展的法律、法规、政策，加快推进农村土地承包经营权、集体土地使用权、房屋所有权等确权改革，规范农村土地流转及农民住房财产权抵押、担保、转让。引导协调银行、信用社、投融资公司等金融机构，积极为乡村旅游提供金融信贷支持。同时，积极引导大集团、大公司、民间资本投资开发乡村旅游，可考虑对大型企业公司化、规模化发展乡村旅游给予税收优惠，前五年税收减免，后五年减半，推进乡村旅游向公司化、规模化、集约化发展。

六是积极推行提升计划。年轻人不愿在留在农村，是对农业经济和乡村文明的巨大挑战。通过发展乡村旅游，能够吸引外出人员返回乡村以及城市精英到乡村定居，带动人流、物流和资金流的注入乡村，必将为乡村带来发展活力。首先，加大人才引进力度。吸引国外优秀旅游人才到内地就业、创业，培养和集聚领军人物，旅游新业态人才享受省及各地相关人才引进政策。其次，加强在岗人员培训。一方面建立各级专家辅导机制，充分发挥专家的指导作用，邀请国际、国内知名旅游企业投资商、经理人和专家到我省讲学讲课；另一方面参照乡村旅游精准交流，制定旅游分类培训计划，组织乡村旅游带头人到台湾以及日本、韩国、欧洲等乡村旅游发达国家和地区交流培训，开阔视野、提升认识、引导提升。同时，积极开展乡村旅游送智下乡工程，组织高校和科研院所师生、专家到乡村旅游点对口帮扶，组织大学生到乡村旅游点义务帮助其改善经营管理、提升服务。再次，加快培育旅游创客。整合旅游创客资源，鼓励支持各类旅游企业利用品牌优势、景区利用资源优势、旅游院校利用人才优势创办特色旅游创客创意空间、创客示范基地，营造有利于创意、创业、创造的政策环境，把旅游创客培育成推进旅游业态创新的生力军。

美国城市规划建设管理的经验与启示

山东省人民政府研究室　张鹏

2017 年 9 月，笔者跟随山东省政府研究室系统“政府政策研究与智库对策研究结合路径方法培训班”，到美国进行了 20 天的考察学习，通过听取专家授课、实地参观考察、座谈讨论了解等形式，近距离接触了美国的经济发展、政治体制，直观感受了美国的城市风貌、生态环境，开阔了视野，增长了见识。特别是，或学习考察、或途经“悲情”的巴尔的摩、“古老”的费城、花园式的华盛顿哥伦比亚特区、拥挤的纽约、美丽的安娜波利斯小镇、高度自治的莱斯顿小镇，对美国城市规划、建设、管理等方面的做法和经验做了重点关注和思考，收获颇多。

翻开美国城市发展的历史，我们可以看到，从哥伦布发现美洲新大陆至今，500 多年的时间里，美国城市的发展大致可以概括为三个阶段。第一个阶段，从哥伦布发现美洲新大陆到美国独立战争约 300 年的殖民地时期，属于前城市化时代，美国的城镇从无到有，发展相对缓慢。1492 年 10 月 12 日，哥伦布发现美洲大陆，当时哥伦布搁浅在加勒比海东侧的墨笔特，他们在海滩上用破船搭起一个城堡，这个城堡被认为是美国城市建设开始的象征。第二个阶段，从美国规划建设首都华盛顿哥伦比亚特区到第一次世界大战爆发，属于传统城市化时期，是美国城市化急剧发展的阶段。19 世纪上半期，随着美国第一次工业革命的开始，在运河、铁路等交通运输方面发生了几次重大革新，农村人口向城市集中集聚，城市得到了长足发展，原来的商业、文化中心演变成了近代工业基地，一批新型工业城市成长起来，特别是中西部一些分散孤立的城镇迅速连接发展成为一个个联系紧密、功能完整的城市体系，有些城市迅速跃升为较大规模的地区经济中心。到 19 世纪末，美国初步形成了以城市为中心的经济体系。20 世纪 20 年代，美国总人口达到 1.067 亿，城市人口达到 5416 万，占总人口比重超过 50%，美国成为一个城市化国家，以传统农业为基础的乡村社会体系转变为以现代工业和服务业为主导的城市社会，城市发展步入新的发展阶段。第三个阶段，第一次世界大战结束后至今，属于新型城市化时期，是美国城市化量的扩张和质的提升并进的阶段，在强大的美国城市经济的支持下，美国从一个城市化国家演变成为一个大都市区化国家。1920 年以后，城市人口比例上升的速度减缓，20 世纪 70 年代，城市人口比例达到 70%，2005 年城镇化率超过 80%，目前，城镇常住人口超过总人口的 85%，城镇地区的人口增长率也高于乡村地区。在此期间，由于人口集聚让城市空间结构发生了明显变化，一些中产阶级纷纷到城市郊区居住，城市建成区面积迅速扩张，城市周边的郊区也被纳入城市范围。80 年代后，城市郊区的基础设施、公共服务更加完善，与中心城市相互依存、密切联系，共同形成了具有显著特征的大都市区。美国的人口分布不再以“城”“乡”这两个传统的地域概念来划分，而被分别称为大都市区和非大都市区，从 1920 年的 2700 个城市、58 个大城市区发展为 2000 年的 11000 多个大城市、331 个大都市区，占全国人口的 70% 以上。现在，大都市区已成为美国经济社会发展的重要舞台，发挥着重要作用。

美国的城市规划史有几个标志性事件。1683 年，英籍理想与完美主义者威廉佩恩对费城的规划，在美国规划史上具有重要的里程碑意义，是美国城市规划兴起的标志。当时规划的费城街道网格、规整的石板路，一直保留至今。华盛顿特区也是美国少数几个先规划后建设的城市之一，1791 年，法籍工程师朗方对华盛顿特区进行规划设计，规划充分利用了地形、地貌、河流，在城市中心预留了大片绿地，并将自然景观引入城市中心，城市道路采用放射性主干道和网格状路网相结合的方式，华盛顿特区的城市规划历经 200 多年，虽然几经修整，但仍然延续传承了规划之初的发展理念，华盛顿特区成为美国最美丽的地方之一。

我们经常说，城市规划是城市建设和发展的基础和“龙头”，其实美国大部分的城市规划后于城市建设。城市规划的出现，是为了解决城市发展中遇到的突出问题，更好地治理城市，而不是创造城市。作为一个典型的移民国家，美国城市最初的发展没有任何规划，从聚集区肆意向农村地区蔓延。进入 20 世纪以后，随着美国工业化进程不断加快，城镇的发展规模也不断加快，交通拥挤、公共配套不足等问题和矛盾凸显，城市发展面临的压力越来越大。特别是进入 20 世纪以后，美国城市郊区人口日益增多，中心区人口呈减少态势，城市发展出现了低密度蔓延的问题，造成了更高成本的基础设施投入、人均能耗的大幅提高，以及对私家车的过度依赖，倒逼联邦政府、州政府开始重视城市规划。1901 年，美国成立了“全国标准监督局”，陆续出台城市管理的对策，监督各城市建筑法规的实施。这标志着政府开始干预包括住房、教育等城市管理事务，并通过城市规划进一步管理和治理城市问题。

美国各级政府在城市规划中有着明确的职责。联邦政府和州政府不直接参与规划的具体工作，更多是起规范和引导的作用，城市规划的编制、审定、实施主要在城市政府（相当于国内设区的市）。

联邦政府没有专门的规划部门。1933 年美国新政时期成立的“国家资源规划委员会”是美国唯一存在过的国家规划机构，但由于国会和其他联邦机构的反对，于 1943 年解散。联邦政府主要通过各种国会法案、法规和专项基金、专项发展计划，采取以基金引导为主、法规控制为辅的形式，影响和推动各地的城市规划工作。州政府通过规划授权法案管控城市政府的规划活动。州政府不直接参与规划审批、修订与监督等具体工作，但会制定规划授权法，在城市规划编制的原则、程序、执行、监督检查、公共参与等方面都作出详细规定，还会针对特殊区域，制定出台专项法规，对城市规划起到约束作用。城市政府是城市规划的主体。城市政府是规划活动的发起者，也是规划编制、审批、实施、修订与监督的主体，主要职责是做好城市发展的总体规划和分区规划。总体规划是城市发展战略性的决策框架，具有内容概括、广泛的特点，是指导城市发展和土地利用的综合性计划和政策性引导。分区规划是城市政府进行土地管理技术层面的具体工具，是最早出现的具体行政管理手段。

美国的城市规划坚持问题导向和科学规划，规划界提出了“新城市主义、理性发展、城市边界主义”等城市规划理念，城市规划更加紧凑、更多考虑居民需求，强调传统邻里和步行街区设计，鼓励使用公共交通出行，增强城市发展活力。在规划过程中，公众参与程度较高，规划委员会成员来自社会各方面，他们及时收集提供市民规划诉求。议会审批各项规划法规时，需要对公众所提意见的采纳处理情况予以公示。美国的城市规划每 5 年进行一次小的修改，每 20 年进行一次大的修改，每一项规划批准后，都必须按照相关的法律法规严格执行。目前美国的城市规划已经建立起了一套比较完整的法制化体系，而且已经相对成熟和稳定。

美国的城市发展受战争、自然灾害、行政干预等因素的干扰较少，城市大多源自产业的兴起、交通的改善等内生动力。例如，纽约作为大西洋沿岸的港口城市，最早就是因海陆交通便利而聚集发展起来的，休斯顿是著名的航空城，底特律是极具代表性的汽车城，还有因钢铁产业而兴起的匹兹堡，等等。美国的城市发展进程中，采取“交通先行”战略，把交通运输作为基础和先导。例如，铁路建设方面，20 世纪 60 年代，美国通过《太平洋铁路法案》和《现金补偿法》支持铁路建设，铁路公司修建铁路，能从政府得到数额不等的贷款，这直接助推了北太平洋铁路、南太平洋铁路、圣斐铁路等铁路快速建设，带动了铁路沿线新兴城镇的发展。再如，高速公路建设，20 世纪初，美国就通过《资助道路建设法案》，改善州际道路，完善公路系统，1956 年又通过《高速公路法》，支持高速公路建设。同时建立联邦公路信用基金，征收汽油和车辆轮胎等消费税，直接资助公路建设。目前，美国高速公路通车里程约占世界高速公路总里程的一半，连接了所有 5 万人以上的城市。运输服务安全高效的综合交通运输体系的建成，在推动美国城镇化，促进生产要素跨域流动、支持城镇经济协调发展、保障城镇社会有序运行、引导城镇产业合理布局、完善城镇空间格局形态等方面发挥着重要作用。现在美国的城市建设已经进入相对稳定期，调研学习路上，我们几乎看不到高塔林立、大拆大建的场景。

精细高效管理是美国城市的突出特点。1961 年，美国国家标准协会制定了无障碍设计标准，美国是第一个制定无障碍设计标准的国家。1968 年和 1973 年，美国国会先后通过了建筑无障碍条例和康复法，明确提出在公共建筑、交通设施及住宅中实施无障碍设计的要求，并规定所有联邦政府投资的项目，必须实施无障碍设计。如今，美国城市公共服务设施中，到处都体现着人性化的设计。例如，在机场、图书馆、商场、公园等各类公共场所都设有残疾人专用停车位、无障碍电梯，残疾人专用停车位一般都是距离建筑物入口最近的车位，公共卫生间也都有轮椅可以进入的隔间。公共汽车和很多出租车，都带有坡道或自动踏板设计，方便轮椅上下。在主次街道科学设置了分类垃圾箱，有的垃圾箱标注着各国文字，提醒市民分类处理垃圾。公园、街头随处设有休息座椅和餐饮点。稍大一些的红绿灯路口，会有声音信号提示，这样盲人在过马路的时候可以听见什么时候行人灯亮。

严格的处罚制度是美国城市管理的重要手段。美国城市管理非常精细严谨，对违反城市管理规定的行为，处罚得非常严格，有的行为会处以高额罚款甚至坐牢。例如，不允许宠物随地大小便，公共区域设有宠物粪便捡拾标识牌，配有专门方便袋，并明文规定违规将处罚 150 ~ 2000 美元。对出租车停车点、停车方向都有明确规定和限制，出租车排放都非常整齐有序，一旦违规停放，将会被处以严厉的罚款。一个不起眼的小码头上就贴有 14 个“不准”的告示，一旦违规就会被严厉处罚。在美国见得最多的是警察，他们承担着街头治安、交通和城市管理的任务。正是美国对城市的严格管理，才保证了整个社会秩序的规范。

美国汽车文明高度发达，有着完善、高效的交通管理体系和行为规范。美国被称为“车轮上的国家”，但无论是在人口拥挤、道路狭窄的大都市里，还是在城市间的高速公路、快速通道上，马路通行都井然有序。行人在路权分配上有着高度优先权，就算在没有任何指示标识的停车场，所有汽车都会自觉礼让行人，受保护的自行车道数量也在日益增加。校车也具有很高的通行“地位”，如果“大鼻子”校车停靠在路边，打开了延长停靠的指示灯接送孩子，它左面和后面的车辆都得停下来，直到校车开走，马路上没有孩子才会开动。车与车之间的礼让凸显着汽车文明，高速公路、快速通道上的车，很少有随意变道的现象，使得车辆都能保证较快的车速，在没有红绿灯的十字路口，车辆都会按照“一让一”的通行规则，每个路口的车依次交替通行。在美国很少听到汽车鸣笛，除非你的车技太差，挡了人家的路，或者提醒你后车门没有关好。偶尔不得已朝着行人按喇叭，也会放下车窗抱歉示意。美国的交通文明也是依托于严格的交通规则。例如，在公共停车位紧张的华盛顿，一般都是投币计时收费，巡警随时抽查计时表，一旦过了时效，都会贴上罚单，或者干脆让拖车拉走；在高速公路上超速、随意变道，也都会被处以 115 美元以上的罚款，违法成本非常高。当然，美国也有“路怒”，甚至还有因为抢行而掏枪打爆对方车胎的情况。

美国的城市绿化让人印象深刻。我们刚下飞机便被美国的“满眼云林都是绿”所折服，戏称为“绿色污染”。其实，美国的城市发展，也经历了“先污染后治理”的过程。进入 20 世纪，美国经济发展飞速和城市迅速扩张，带来了严重的环境污染。例如，洛杉矶先后在 1943 年、1955 年和 1970 年发生三次光化学烟雾事件。严重污染的惨痛教训，使美国政府和人民对城市环境管理的重视程度及认知水平远超其他国家。美国通过立法、建立机构、公众参与等手段，逐步改善了大气环境。现在，很多城市都把城市环境保护作为城市建设的重要内容。一方面，加强对自然植被原始状态的保护和自然林建设，随处可见原生杂交林，既尊重了原有自然生态，又可以减少养护费用。另一方面，注重“城市绿色空间”的营造，将公共绿化渗透到城市的各个角落，随处可见绿色景观。同时，引导全民参与城市绿化，法律规定所有私人宅基地在建设房屋时，都必须规划一定比例的土地用于绿化、植树和种草，并由房主负责维护管理，如果维护不及时，时常会遭到邻居的投诉，甚至会收到律师函。例如，在寸土寸金的纽约市中心，也有占地 3.4 平方千米的中央公园，它被称为“纽约的后花园”。华盛顿就像建在公园里的城市，满眼都是绿色的植被，小松鼠在街头随意走动、觅食。安娜波利斯小镇涨潮时便会水漫路面，自然而和谐。高速公路上经常有标志提醒注意鹿群出没。

除了环境污染，美国的城市发展进程中还出现过人口分散化和城市空心化的问题。1950—2000 年，美国城市人口数量翻了 1 倍多，并且鼓励市民到城市周边购建住房，导致 50 年的时间内城市面积猛增了 15 倍。美国城市人口密度仅为每平方千米 1150 人，欧洲平均城市人口密度是美国的 2.5 倍，中国是美国的 9 倍，印度是美国的 14 倍。随着城市规模不断扩张，城区人口过度分散，中心社区的人口大量流失，老城区投资减少，商业中心逐渐衰落，人口过度老龄化，很多历史悠久的老街区失去了活力，甚至成为犯罪猖獗的贫穷地区，如巴尔的摩、底特律、克利夫兰等。为应对这一情况，美国很多城市由地方利益相关者组成管理组织——商业改进区，通过本地区业主投票决定向他们自己征收一笔额外税赋，为本地区提供除地方政府公共服务外的补充服务，主要包括市政设备、公共卫生、公共安全等，改善区域生活环境，治理城市中心区的“塌陷”问题，提高老城区的商业吸引力。

中、美两国虽然国情不同，发展阶段和发展水平也存在一定差距，但城市建设发展中的一些理念和做法，一些经验和教训，还是可以给我们提供许多借鉴和启迪。

一是既要注重规划的科学性，又要注重城市规划的严肃性。城市规划在城市发展中起着重要的引领作用，规划科学是最大的效益，规划失误是最大的浪费，规划折腾是最大的忌讳。科学性是规划的前提。城市规划必须充分尊重城市发展规律，用科学的方式、发展的眼光来制定规划，充分尊重专家意见，充分听取群众意见，突出城市特有的地域环境、文化特色、建筑风格。严肃性是规划的保障。对比美国动辄数百年不变的城市规划，我们的城市规划必须更加注重严肃性，树立“规划即法”的理念，将规划通过立法的形式确定下来，严格按照规划建设城市，保持延续性，一茬接一茬地干下去，一张蓝图绘到底，防止出现换一届领导，改一次规划的现象。

二是既要注重城市的“面子”建设，又要注重城市的“里子”配套。基础设施是城市的骨架。城市基础设施建设必须坚持适度超前、相互衔接、满足未来需求，有序推动城市路网、轨道交通等重大基础设施建设，遏制盲目“摊大饼”“抻油条”式的发展。坚持问题导向，瞄准环保设施、断头路、停车场等群众反映最强烈、最迫切的薄弱环节，补齐基础设施短板。“下水道是一个城市的良心”。近年来频繁出现的内涝已经成为城市建设的突出顽疾，重要原因是城市建设中“重面子轻里子”“重地上轻地下”。必须加强地下管廊、“海绵城市”等“里子”工程建设，提高城市的综合承载能力。此外，还要加强城市环境保护，尊重、顺应城市发展规律，使城市规模与资源环境承载能力相适应。

三是既要注重新区建设，又要注重老城改造。近十几年来，全国各地城市新城区蓬勃发展，相比之下，老城区的改造比较滞后。老城区改造社会矛盾集中、投资成本大、成效显现慢，往往不是城市发展的重心，新城区宽阔的街道、高耸的楼房、优美的公园与老城区的脏乱差形成了鲜明对比。特别是新城区与老城区之间存在产业、居住、交通、生活等方面的时空错位，加大了城市的运营成本，形成了各种新的“城市病”。必须协调好新城区开发与老城区改造之间的关系，探索新城区与老城区融合发展的新模式，加强新老城区之间的功能分工配套，避免重复建设和低效竞争，形成错位发展、功能互补、整体协调的新格局，提高整个城市的综合功能和竞争力。必须更加重视老城区改造和提升，回应不同群体的关切和要求，防止老城区过度衰落，出现城市空心化。加快推进棚户区改造，稳妥实施老旧小区改造，推进老旧住宅加装电梯，创造良好的创业和居住生活条件，提高老城区的吸引力。盘活用好老城区优质资源，保护好城市历史文化遗产，使老城区的历史文脉得到延续。同时，加大城乡融合发展，以城带乡，推进新型城镇化，促进城乡全面发展。

四是既要注重精细管理，又要注重精准服务。城市治理要像"绣花"一样精细。在城市治理中，无论是企业乱排乱放、建筑乱搭乱建等显而易见的大问题，还是汽车乱停乱放、垃圾乱堆乱放等隐藏在角落的街巷之陌、细微之处，都应该事无巨细、精确覆盖，把治理责任划细划小，工作落实到具体的人。城市治理还要疏堵结合，加大服务型治理。汽车乱停乱放背后也有停车位少而设置不合理的原因，流动摊贩也反映出公共服务配套不完善的问题，早晚高峰道路拥堵也折射出职住不平衡、公共交通发展滞后的问题。无论是一个路口红绿灯的设置，还是一个区域的公厕布点，都关系着市民的衣食住行、生老病死、安居乐业，必须要像"绣花"一样精细治理城市、精准服务市民，把精细化理念落实到城市管理的每个环节，让市民在城市中生活得更方便、更舒心。

五是既要注重市民素质提升，又要注重制度约束。"城，所以盛民也。"市民是城市建设、城市发展的主体。必须不断提高市民素质，鼓励企业和市民从房前屋后的实事做起，从身边的小事做起，积极参与到城市建设管理、环境保护中，引导全体市民加强自律、遵章守纪、健康生活，形成城市中的汽车文明、生活文明、社会文明、生态文明，促进城市共治共管、共建共享。文明习惯离不开制度促成。应加强在城市管理方面的立法，特别是一些地方性的法律法规，垃圾分类、违章建筑处理等专项法律法规建设，以及社区居民的居规民约，严格执行，严厉处罚，提高违法成本，让制度成为城市管理的硬约束。

美国行政审批制度改革对我国“放管服”改革的启示

山东省人民政府研究室　史新

在省政府研究室党组的关心和支持下，2017 年 9 月 10—30 日，笔者有幸参加了省政府研究室组织的赴美国开展“政府政策研究与智库对策研究结合路径方法”培训。此次赴美学习培训主题鲜明、内容新颖、行程紧凑，整个培训过程体现出安全顺利、求真务实、高质高效等特点。考察团全体成员抱着高度负责的精神和认真学习的态度，边学习、边讨论、边观察、边思考，取得了良好效果。

在培训过程中，笔者对美国的行政审批制度改革方面进行了认真研究。行政审批是现代国家管理社会政治、经济、文化等各方面事务的一种重要的事前控制手段。在中国，由于传统的高度集中的计划经济体制的巨大影响，行政审批已被日益广泛地运用于许多行政管理领域，对于保障、促进经济和社会发展发挥了重要作用，成为一种国家管理行政事务不可缺少的重要制度。但是随着中国社会主义市场经济的建立，原有的行政审批制度又缺乏有效的法律规范，行政审批中长期存在的问题越来越突出，有些已成为生产力发展的体制性障碍。因此迫切需要对行政审批制度进行改革。

党的十八大以来，我国深入推进“放管服”改革，就是简政放权、放管结合、优化服务。李克强总理指出，“放管服改革实质是政府自我革命，要削手中的权、去部门的利、割自己的肉。计利当计天下利，要相忍为国、让利于民，用政府减权限权和监管改革，换来市场活力和社会创造力释放。以舍小利成大义、以牺牲‘小我’成就‘大我’”。而当前，由于起步晚、经验积累少，我国与国外先进国家还存在较大的差距。“他山之石，可以攻玉”，我们有必要认真研究美国行政审批制度改革现状，并虚心向其学习，取其精华、去其糟粕，为我所用。

一、美国行政审批制度改革的主要做法

美国的行政审批管制行为最早发生于19世纪50年代联邦政府成立的“轮船检验局”，接着又推广到铁路等经济贸易领域。当时，铁路由于丰厚的利润预期而在美国各地被过度建设，从而导致恶性竞争和资源浪费。美国为此通过州际通商法等一系列法规，对铁路的进入条件和价格水平进行严格规制，目的是纠正恶性竞争中的不公平待遇，保证价格的稳定，从而减少企业的风险成本。此后，美国把其他具有自然垄断性质的行业（如电力、煤气、电话等产业）以及关键部门（如公共服务、能源生产与分配、银行与金融活动）都列入了政府管制的范围。20世纪的罗斯福新政真正拉开了资本主义各国加强管制的序幕。罗斯福政府面对资本主义经济危机建立了一系列政府管制机构，这一时期，一个“管制资本主义”模式建立起来。20世纪60年代，政府审批管制的范围进一步扩大，政府意识到管制增大了行政成本，束缚了技术和商业的创新，降低了市场的多样性，经常引起通货膨胀。到20世纪70年代美国政府规制的范围已延伸到社会生活的各个领域，达到了最高峰。

政府规制在一定程度上弥补了市场经济的缺陷，促进了美国市

场经济的发展和完善。但如同市场机制一样，行政权力介入社会经济也有其自身无法克服的弊端。当介入的力度超过临界点时，其引发的严重弊端远远超过其所带来的好处。行政机构臃肿、办事效率低下、官僚主义等，使美国政府有了越来越多力不从心之感：管制越多，麻烦也越多，损伤了公民、企业的自由精神，保护了垄断者的利益，束缚了美国经济的活力。

基于政府规制存在的严重弊端，美国于 20 世纪 70 年代开始酝酿行政审批制度改革运动。1975 年，美国政府取消了证券市场股票委托手续费的有关规定，拉开了美国行政审批制度改革运动的序幕。美国在 1997 年又通过了航空业解除管制法，取消了“国内航空管理委员会”的大部分进入管制和价格管制，允许有事业许可证的企业自由进入，同时也允许各航空公司根据利润原则自行制定票价，增加航班。此后，美国政府通过一系列举措相继放开了政府在天然气价格、石油价格、汽车运输、铁路运输、电力电话设备、银行等领域的规制。

美国的行政审批制度改革基本上遵循了市场经济、公共行政和行政法治的基本要求，其主要做法如下：

1. 大胆下放政府行政审批的权力。美国政府改革针对行政审批过多的情况，首先对行政审批项目进行大幅精简，将原来由政府承担的部分社会职能、经济职能推向社会、推向市场。一方面，政府放权于市场。以市场为导向，放开大多数竞争性行业的经济性规制，让企业有更大的自由活动空间，使其能按照市场机制的作用组织生产，提高效率。另一方面，政府对社会中介组织的放权。在改革过程中，美国政府充分发挥社会团体自治的作用，逐步将政府的某些规制职能，如资格审查、价格监督、质量控制等权力，向商业、行业等中介组织转移，实现政府规制规模的适度化。

2. 注重分析行政审批的效益成本。一般认为，规制对微观经济活动的干预是为了实现社会资源的有效配置，但事实上不然，规制者往往会为自身利益利用政府授予的权力主动介入，进行所谓的“设租性规制”，从而破坏规制设置的利益正当原则。美国政府为了确保规制对市场和社会的科学合理介入，在设置过程中，特别强调效益成本分析，把它作为设置的标准之一。美国里根政府的12291号行政令就对成本分析进行了明确规定：对于重大项目（经济影响超过1亿美元以上）必须经过正式的“规制影响分析”才能作出决定；在制定有关社会性规制时，必须经过“风险分析程序”寻求科学依据，否则不予规制。

3. 合理设置、调整行政审批。规制改革的目标是实现政府与市场的良性互动，在改革过程中，美国并不是一味地减少，而是有减有增，一方面美国政府有选择性地废除不合理、不合时宜的管制；另一方面美国政府对确实暴露出“市场缺陷”和“不足”的领域，增设了新的规制内容和标准，以弥补市场缺陷，促进市场经济的健康稳定发展。

4. 以程序法设定行政许可，依法规范行政审批行为。美国对行政许可权的设定控制极为严格，一般都是通过议会以法律的方式设定，并且多数通过行政程序法设定。在美国，设定行政许可的事项主要有两类：另一类是经济事务方面的许可事项，目的是保护消费者权益和市场竞争秩序而对市场机制无法解决的自然垄断（如基础公用事业）、过度竞争（如同行业）、供求不足的产品和服务设立行政许可；另一类是社会管理方面的许可事项。目的是防止市场机制的消极影响而对有不良外部性影响的产品和行为（如不安全的产品、环境污染）、信息不对称的行业（如金融、食品）、稀缺物质（如自然资源）以及公共物品的配置进行管制而设行政许可。美国的规制法治化改革的主要做法为：一是先颁布一个新的法案，然后在此基础上对规制内容和标准进行调整和放松；二是由行政机构（行政审批制度小组）对历年颁布的规章条例进行全面的复查和清理，然后对不再适宜的有关工商管理规制的法律条文，向国会提出修正或取消的建议，推动规制立法上的改革。

5. 规范审批程序，保障审批行为的公开、公平、公正。美国非常重视对行政审批程序的规范，并且把对审批程序的规范作为保障行政行为公开、公平、公正的制度设计：

（1）建立政府信息公开制度

政府信息公开主要指除法律规定的涉及国家机密、影响公共安全，免予公开的信息外，政府应承担向公众公开相关信息的义务，以保障公众的知情权，避免暗箱操作，推行阳光行政。美国 1966 年颁布了《情报自由法》，1976 年颁布《阳光下的联邦政府法》确定了政府信息公开。

（2）适用听证制度

在行政许可中适用听证制度，主要是给予申请人或与该许可有利害关系人参与和发表意见的机会，从而置行政机关的许可行为在公众的监督之下，促使其在作出许可处理时能充分考虑相关因素，奉行公开、公平、公正的原则，以达到保护审批人合法权益的目的。美国《联邦行政程序法》第 554 条规定，行政机关实施包括核发、拒绝、吊销、修改许可证的裁决时，应当及时通知有权得到听证通知的人，在确定听证的时间、地点时应充分考虑到当事人或其代理人的需要与方便。

（3）在许可中适用说明理由制度

说明理由制度是指行政机关在做出行政行为时应当依法将作出该决定在事实上和法律上的理由向相对人说明。在行政许可中使用说明理由制度即要求行政机关必须表明做出行政许可的合法性理由与合理性理由，包括事实依据和法律依据的要点，进行许可判断的依据和标准。

说明理由制度在行政许可中的适用，一方面在于能迫使行政许可机关事前充分考虑实施行政许可的事实依据和法律依据，做到依法审批，合理裁量；另一方面也可以使公民从许可机关的理由说明中发现是否存在问题，并据此选择救济的途径。

美国《联邦行政程序法》第555条第5款规定：“行政机关在全部否定或部分否决利害关系人提出的，与行政机关裁决活动有关的书面申请、请求或其他需要时，应迅速发出通知。除维护原来否决或否决理由不言而喻外，此通知中都应附上对否决制根据的简要说明。”

美国政府通过一系列的改革策略，成功地实现了政府规制与市场和社会的良性互动，从而产生积极的效果。20世纪90年代，美国经济持续高速增长，其中有许多原因，但放松管制、改革行政审批制度，可以说是其中非常重要的因素。

二、美国行政审批制度对我国的启示

“他山之石，可以攻玉”，美国的行政审批制度改革的经验可以给我们很多启示。

（一）行政审批制度的改革方式应是渐进式的

与其他任何改革一样，行政审批改革带有实验的性质，改革是否有预期效果，须经过实践检验；同时，行政审批制度改革，永远是一个与时俱进的过程，不可能一蹴而就。美国在行政审批制度改革上，采取了渐进式的改革路径，不设统一步骤，也无统一要求，改革往往着眼于个量，很少考虑总量问题，成熟一件做一件，做一件是一件，扎扎实实，态度积极审慎，非常务实。

与此相比，中国的行政审批制度改革往往有激进改革的特色，中央有统一的改革要求和步骤，各级地方政府都有统一的改革时间表，是运动式的改革。运动式的改革从表面上看改革成就很辉煌，但改革的消极效应也很大，而积极效应往往得不到充分发挥，改革很容易走回头路，风头一过，各种行政审批制度又不得不重新恢复，甚至会越来越多。

渐进式改革的好处显而易见：因地因时制宜，把改革的条件和改革的目标有机结合，防止不顾实际效果的形式主义和急功近利的行为，把每一次的具体改革与长远的制度建设，特别是法制建设结合起来，消极效应比较小且较易控制，积极效应发挥较好，改革成果也较容易巩固。

（二）各国应该根据自己的国情选择具体的行政审批制度

美国面临的许多问题与中国是一样的，如环境、消防和建筑物抗震等方面的行政审批，其差别只是细节方面的。但有许多问题，由于国情不同，行政审批制度也相应不同。例如，美国历史上比较注重公民拥有枪支的权利，美国对枪支的管制就比较宽松，只要公民没有犯罪前科就可以申请拥有枪支，但中国对枪支有严格的管制制度，一般公民都不可以拥有枪支。美国人口稀少，公民生育不需要申请出生指标，但中国公民必须申请。中国人均国土资源非常稀缺，土地属于国家所有，国土资源使用需要实行严格的行政审批制度，但美国的土地是私人拥有的，土地资源的使用没有严格的行政审批制度。这些差异没有好坏之分，因为其差异只是因为中、美两国所面临的问题严重性程度有差异，因此要解决问题对行政审批制度的依赖程度也有差异。

（三）明确行政审批制度改革的指导思想，强化行政审批的市场化

行政审批改革不是完全取消行政审批，而是减少或取消不必要的审批项目，提高必要审批的质量，建立适应市场经济发展的行政审批管制模式。即使是在市场经济发达的欧美国家也存在行政审批制度，主要是在市场机制失灵的情况下发挥作用。《行政许可法》规定：设定行政许可，应当遵循经济和社会发展规律。因此，我国“放管服”改革应充分遵循市场经济规律。在改革中，加强对必须由国家监管的公共资源的行政审批，弱化能由市场调节领域的审批职能。另外，美国主要是审批改革后带来的长远效益分析改革的成功与否，而目前我国的审批制度改革大多都是从静态上考虑取消了多少审批项目数量，调整了多少审批方式来考虑，改革大多是应急性的、浅层次的减量型改革。因此改革必须以“三个有利于”的思想作为指导，从长远的效益进行分析，对行政审批这一政府管理行为作出宏观的理性分析，顺应和把握市场经济发展的客观规律，对其进行整体规划，稳步推进，保证改革政策的延续性。

（四）加强审批的科学规划与决策

首先，针对审批改革成立专门的审批改革机构，以保证对改革问题的统一研究规划，集中决策，可以是临时性的或常设性的。在国外这种专门行政改革机构是较多的，美国成立了第一、第二届胡佛委员会。这种专门的改革机构进行一事一议，对改革的速度与质量都是有益的。其次，审批前的专家评估制度的确立。美国规定了审批前进行经济评估的方法，主要是鉴于审批成本的存在，需要对审批项目进行成本—效益分析以论证审批的必要性和合理性，保证社会获得正效益。专家评估小组应以相关方面的专家为主，适当吸收部分官员参加。专家咨询和审查制度更是增加了审批的科学性。

对技术性、专业性较强的验收、评审和许可等过程，组织有关专家进行专业技术审查，提供咨询意见，使审批专业化、中立化。针对申请人的信誉、资产等情况可委托社会中介组织进行资信调查，减少审批的风险。另外，流畅的信息传导体制也是审批科学化的一个渠道。政府内部设立专司信息处理的小组，负责内部信息的输出和外部信息的输入，再附之以网络信息的传输是有重要意义的。

（五）行政审批制度改革必须依法进行

美国的政府管制和行政审批制度具有严格的法律基础。美国是一个具有悠久法治传统的国家。政府严格执行依法行政，没有法律依据，任何行政管制和审批行为都是无效的。相应地，行政审批制度的改革，也绝非是单纯的行政机关的“自查自纠”行为，对其改革的目标、范围、力度、方式等，法律也予以规范、调控和监督；对行政审批改革的积极成果，也以法律的形式予以明确和肯定。也就是说，行政审批制度的改革和完善，必须要有相应完善的法律基础，必须要从更为广阔的法律背景去考量行政审批制度的各种要素与环节，必须从法律的视角去审视判衡行政审批制度的改革。缺失法律基础的任何行政审批制度的改革，即便取得了阶段性成果，最终也是短命的或者走向混乱与无序的，这是美国行政审批制度改革中最基本也是最重要的一条经验。

（六）重视发挥中介组织的作用

马克思曾提出，政府产生于社会，是社会发展到一定阶段不可调和的产物，这决定了在经济领域政府权力向社会转移的必要性。因而审批改革的一个有效途径便是建立和健全社会中介组织。在深化行政审批制度改革过程中，能否逐步建立政府部门依法监管、行业组织自律管理、社会中介机构依法执业的制度，使行业组织和社会中介机构承担起部分社会管理职能，是实现政府职能转变的核心。

一大批社会中介组织的产生和运作，可以使政府在更高层次上实行宏观管理，使政府管理更加精简高效。在近代西方国家，小政府管理模式传统以自由主义为思想导向，对社会职能多采取自由放任政策，这一时期，社会中介组织发展较为迅速。美国中介组织历史悠久、非常发达、功能完备，在美国行政审批制度中承担着重要角色。其类型大致分为两类，一是营利机构，二是非营利机构。二者与政府组织相互作用，推动着美国社会的发展。中介组织在沟通美国政府与企业，政府与公民，公民与市场关系，在促进就业、培训、教育、环保、能源等方面发挥了重要作用。充分发挥社会上各种主体的功能，使社会公共产品服务社会化，在改革中加快中介组织、私营机构、非营利组织的发展，将原来由政府做的事放手给非政府主体去完成，不但可以提高服务的质量，满足公众的需要，而且可以缓解政府的压力，减轻政府的负担，有利于深化行政审批改革。

美国产业集群发展的经验与启示

山东省人民政府研究室　齐翠翠

2017 年 9 月 10—30 日，笔者参加了省政府研究室组织的赴美国“政府政策研究与智库对策研究结合路径方法研究”培训，了解了美国政府政策制定的制度体系建设、组织运行情况，以及智库影响政府决策的方式路径等。除此之外，出于业务实际和个人兴趣考虑，广泛收集了美国产业集群发展的相关资料，并在赴美期间就部分问题与智库专家进行了交流。现就有关情况和思考汇报如下：

一、美国产业集群发展特点

产业集群，是指在一定的区域范围内，以市场为导向，以中小企业为主体，产品集中生产、专业化协作配套的企业以及各种相关机构、组织等集聚发展的经济现象。产业集群式发展，可以促进优质资源集中，加快形成规模效益，降低生产交易成本，激发集群内企业创新，从而形成持续的竞争优势，成为很多地区和国家经济发展的强大支撑。美国产业集群类型多样，有硅谷高技术产业集群，加州装备制造业和葡萄酒酿造业集群，洛杉矶国防、航空产业，好莱坞影视产业集群，纽约金融产业集群，波士顿共同基金和生物制药产业集群等，一大批优秀的产业集群支撑起美国经济的持续发展。笔者认为，总体来看，美国产业集群发展呈现出以下特点：

（一）产业集群一般以市场导向为主自发形成

一般意义上，产业集群的形成机制通常认为有两种，一种是“自上而下”，以政府力量主导形成；另一种是“自下而上”，以市场力量自发形成。总体来看，美国产业集群的发展多是以市场导向为主自发形成。例如，硅谷高技术产业集群，硅谷地区最早只是生产苹果、核桃、杏仁等的农牧业区，自 1891 年斯坦福大学建立后，催生了一批相关技术研发企业，各类企业出于获得专业化经济、人才资本优势和持续创新的氛围等因素聚集到一起，集群的成长更多依赖产业与市场的互动，以提自身竞争力和内源力，政府仅通过一些调节和激励措施，引导并促进产业集群的良性发展。当然，也存在政府力量主导形成和培育的产业集群。例如，同样是高技术产业集群，曾被誉为美国东海岸新“硅谷”的波士顿 128 公路产业集群，则与美国政府尤其是联邦政府的积极作为有着极为密切的关系，政府进行了大量的税收优惠、政府采购和直接资金投入，促进了集群的形成和发展。

（二）政府宏观和间接引导较多，直接干预政策较少

在与美国智库专家交流的过程中，我们能够深刻地体会到，美国政府一贯奉行自由的市场经济，在绝大多数经济发展环节，很难看到政府的直接干预。在美国国家层面，直接针对产业集群的明确规划、布局和政策并不完善，但是与产业集群发展密切相关的科技创新政策、区域发展政策等比较完善，为地方产业发展创造了良好条件。例如，美国政府通过颁布《小企业创新发展法》《国家合作研究法》《技术转移商业化法》等法案，促进小企业创新发展、技术成果产业化等，从而间接引导企业集群升级。在地方政府层面，相对来说制定了一些较为具体和富有针对性的政策。例如，20 世纪 90 年代初，加利非尼亚洲成立了专门负责地区经济发展战略的加州

经济战略小组，从1996年开始对全加州产业集群发展进行数据分析和跟踪研究，适时提出政策援助建议，有针对性地提供产业发展援助，包括调整经济政策、实行经济发展激励、完善公共服务体系等。

（三）产业集群功能分区明确且与区域经济发展耦合

美国产业集群在地域上呈现出明确的功能分区格局。有些城市以特色产业集群的发展而著称，有些城市围绕某种核心产业发展配套关联产业，形成了专业化城市。美国产业集群在分工布局上也很明确，具有代表性的是加利福尼亚。20世纪90年代以来，随着美国新经济诞生和迅猛发展，加州经济形成众多产业集群，构成了四大经济区域：以航空制造、娱乐和电子通信业为主的南加州经济区，以软件、多媒体和互联网服务业为主的旧金山海湾经济区，以高产农业为主的中央流域经济区，以及以高科技制造、计算机服务业为主的萨克拉门托经济区。四大经济区特色鲜明，各自形成完整的体系，具有强劲的产业竞争能力。美国成功的产业集群大多和区域经济的发展相耦合：区域最初的资源优势促进了产业集聚，并为其健康发展提供了条件；产业集群的不断发展，必然带来技术、资金、劳动力等资源聚集，为区域经济发展提供了基础。两方面相互作用、彼此促进，形成了产业专业化特点突出、竞争力强劲的城市和区域。

（四）产业集群协同创新网络比较发达

据了解，无论是高新技术产业集群，还是传统产业集群，在美国都得到了较好发展，发达的工农业除提供了良好经济基础之外，也与大学、科研机构密集分布和高度发达有极为密切的关系，这为高科技产业发展提供了良好的技术支持。硅谷高技术产业集群就是源于斯坦福大学以及斯坦福研究园，并得益于产学研紧密结合的创新体制机制。它以具有雄厚科技力量的斯坦福大学、加州大学伯克利分校、加州理工大学等4所世界知名大学、9所专科学校以及33

所技工学校为依托，以思科、英特尔、惠普、朗讯、苹果等大型企业公司为龙头，以高技术的中小公司群为基础，融科学、技术、生产为一体，形成紧密相连、共生共息、良性互动的技术创新与应用关系，促进了产业集群的创新发展。北卡罗来纳州生物技术研究三角园、波士顿128公路产业集群等都离不开完善的产学研协同创新网络。此外，美国很多产业集群特别是高技术产业集群普遍形成了宽松、自由的学术气氛以及开放包容、鼓励创新、宽容失败的创新文化。

（五）中小企业是产业集群的基本主体

美国产业集群的发展离不开龙头骨干企业发挥的辐射带动作用，但仍以中小企业为核心主体。以亚利桑那州产业集群为例，集群以航空、采矿、电子产业等为主，据统计，亚利桑那州有41万多家居民企业，其中，96.6%的企业雇员少于100人，但却雇用了超过78%的劳动力，对1998—2008年工作岗位增长贡献率达到92%，其中，贡献最大的是自营企业和小微企业。此外，还涌现出一批成长性非常好的“瞪羚企业”，2006—2009年共有43家瞪羚企业，其中38家来自私人部门并创造了550个新工作岗位，是原有职工的2倍多。

（六）中介组织等服务机构发挥了重要作用

在美国产业集群发展中，主导集群发展的，很多是企业、科研机构等自发建立的网络化组织，政府鼓励和协助这些机构聚集在一起，为集群内企业提供技术需求预测、公共培训、信息交流、产品展销等有效的公共服务，促进产业集群发展壮大。例如，亚利桑那州南部地区聚集着高科技、在线教育、生物科技等产业集群，这些产业集群由各自领域的企业共同组建了非营利产业集群组织，产业集群组织又一起构成了南亚利桑那州科技委员会，这些组织都致力于通过提供专业咨询、教育培训、信息分享、业务开拓、政策识别、关系网络构建等服务，促进本集群的发展。科技委员会类似于一个跨集群的联盟组织，由图森地区各个产业集群的负责人共同管理，运作资金来源于州、市、县政府拨入的用于劳动力发展、网络建设和维护等专项项目资金以及会员缴纳的会费，政府对产业集群的支持也主要通过这一平台来实现，会员可以向委员会申请项目经费。

二、对山东省培育现代优势产业集群的几点启示和建议

按照习近平总书记切实推动高质量发展的指示要求，省委、省政府已经全面展开新旧动能转换重大工程，着力构建布局结构优、规模体量大、延伸配套性好、支撑带动力强的现代产业集群。当前，山东省产业集群仍然面临产业层次较低、协作配套能力较弱、自主创新能力较差、整体竞争力不强等突出问题。为此，建议坚持问题导向、目标导向、结果导向和结果评价，学习借鉴美国产业集群发展经验，着力在以下几个方面实现突破，全面提升产业集群发展质量和效益。

（一）在培育模式上，坚持市场主导和政府促进相结合

产业集群作为一种市场组织形式，其形成和发展必然遵循市场运行机制。但由于客观上存在市场失灵现象，需要发挥政府的积极作用弥补市场失灵。关键是要恰当处理好市场引导和政府调控的合理边界，政府既不能无为而治，也不能横加干涉。一方面，政府应致力于建立公平、高效、有序的竞争框架和市场秩序，在相应的领域发挥作用。即使是自发形成的硅谷高技术产业集群，美国当地政府也在加强基础设施建设、制定修改移民法、颁布就业和劳动法规等方面发挥了积极作用。另一方面，政府发挥作用必须遵循市场经济规律，决不能“亲自上阵”，以掌握的资源直接介入经济活动，也

不能“乱点鸳鸯”，对行业企业搞行政撮合式的“拉郎配”。

结合山东省实际，培育现代优势产业集群，必须首要坚持市场主导和政府促进相结合的原则，随着市场机制完善程度的不同而相机抉择政府的作用和角色定位。产业集群初创时期，更多地在发展方向上进行适度地规划和引导，“十强”产业专项规划更加侧重于宏观方向引导和产业空间布局；随着产业集群逐渐成长和发展，更加侧重于提供市场化公共服务，例如，建设基础设施、创造良好营商环境、提供有效公共服务、强化企业帮扶等，努力营造良好的集群发展环境和生态系统。

（二）在培育载体上，坚持园区提质增效和培育特色小镇相结合

美国产业集群多以园区为依托实现良性发展，同时功能分区与区域经济发展耦合形成了“专业化城市”，这都为产业集群发展提供了重要载体。20 世纪 90 年代初，在硅谷模式的启发下，我国做出了加速发展高技术产业的战略决策，国家高新技术产业开发区应运而生。近年来，广东省在促进产业园区提质增效的基础上，推进富有当地特色的“专业镇”转型升级，浙江省全力打造融合产业、文化、旅游、社区功能的“特色小镇”，这些都为山东省产业园区的建设提供了借鉴。

目前，山东省拥有国家级经济技术开发区 15 个、省级 136 个，国家级高新技术产业开发区 13 个、省级 8 个，海关特殊监管区 9 个，成为产业集群发展的重要平台，但存在布局散乱、定位趋同、机制不活、同质化恶性竞争、低端重复建设等突出问题。因此，必须突出产业园区提质增效，统筹推进产业集聚和转型升级。一是进一步明确各类产业园区功能定位，引导各市、各县在遵循山东省“十强”产业规划框架的基础上，结合各地实际，找准功能定位，选准主攻

方向，分别制定产业集群专项规划，促进各产业、园区之间实现特色发展、错位发展。二是鼓励强化一批、整合一批、清理一批产业园区，加强基础设施建设和共享，完善公共配套服务，进一步提升园区承载能力。加大简政放权力度，改进审批流程，进一步提高园区服务效能。三是树立“亩产论英雄”导向，进行差别化资源配置和政策支持，促进优势要素资源向主导产业集聚。与此同时，建议组织专门力量，识别评估已经自发形成的产业镇、产业村雏形，予以重点培育，集中打造一批产业城市和特色小镇。

（三）在培育主体上，坚持主导产业与配套产业相结合

主导产业是产业集群的核心，关联配套产业体系是集群产生根植性的基础，直接决定主导产业的要素可获得性和成本。产业集群的形成和快速发展，离不开主导产业的壮大和关联配套产业的完善，离不开龙头骨干企业的辐射带动和中小企业的紧密互动。以硅谷产业集群为例，上万家高科技公司中，约60%是以电子信息业为主的集研究开发和生产销售于一体的实业公司，40%是提供各种配套服务的第三产业公司，这些服务型企业成为硅谷科技创新的“助产士”。

反观山东省，部分产业集群尚处于地理集中阶段，产业配套较差，一些区域甚至“只有企业没有产业”，企业缺乏内在关联、横向合作，未能有效发挥配套协同效应、技术创新溢出效应等集聚优势。山东省家电产业配套的中小企业仅300多家，家电企业关键零部件九成以上靠省外供应。因此，结合山东省实际，必须突出全产业链招商，增强产业关联度，提高集群竞争力。一是围绕“十强”产业开展产业链招商，以龙头企业为主体，瞄准产业链条中缺失的高附加值环节，瞄准世界500强、央企和行业领军企业进行精准招商，加强合资合作。各市、县应避免“大而全”，因地制宜选准1～2个主导产业开展产业链招商、扶持培育相关企业进区入园，建立起相

互依存的产业发展网络。二是推动产业集群重大项目建设，对围绕“建链、补链、强链”开展的技术攻关、技术改造、兼并重组等重点项目，优先列入新旧动能转换重大项目库，发挥服务企业常态化机制作用，帮助解决项目实施过程中的困难和问题。三是积极引进培育一批主业突出、创新能力强、关联度大、带动性强的大企业、大集团。充分发挥龙头骨干企业产业辐射、技术创新和营销渠道优势，推进产业链上下游企业配套协作。鼓励龙头企业通过联合、并购和品牌经营、虚拟经营等模式，对上下游配套企业进行重组、改造，衍生或吸引相关企业集聚。四是鼓励和引导中小企业与龙头骨干企业开展多种形式的经济技术合作，建立稳定的供应、生产、销售配套关系，推动中小企业“专精特新”发展，培育和发展一批成长性好的企业。同时，鼓励中小企业按照专业分工要求，将配套产品做精、做优。

（四）在培育重点上，坚持构建协同创新体系与强化品牌引领相结合

创新能力是产业集群发展的不竭动力，创新不足将导致集群营养不良，最终导致集群失败。产学研协同创新机制比较完善的硅谷高技术产业集群启示我们，必须重视提升产业集群创新能力。20 世纪初，世界上最耀眼的汽车工业中心底特律于 2013 年 7 月申请破产保护，也警示我们，以资源为支柱的产业集群，更需要通过创新增强内生动力，防止陷入路径依赖，切实增强可持续发展能力。

当前，立足于解决山东省产业集群自主创新能力不强、竞争力和影响力不足的问题，应着力构建政产学研金服用“北斗七星”创新共同体，同时强化品牌、质量和标准引领。一是加快创新平台建设。围绕产业集群发展需要，加快国家实验室、省实验室、省技术创新中心、工程技术研究中心、产业技术创新联盟建设，着力提升产业集群原始创新、技术创新和科技成果转移转化能力。二是积极

推动协同创新。实施创新券、后补助、以奖代补等措施，加强重大科技资源开放共享，鼓励企业研发机构通过政府购买或服务委托等方式对外开放，服务集群内的中小企业。促进产业集群与科研机构、大专院校和国内外大企业技术研发力量合作，探索建立跨区域、同类型产业集群之间的协同创新体系。可由骨干企业牵头，整合全省乃至全国同类型产业集群力量，建立突破地域限制、多个集群联动、创新资源共享的公共创新平台，开展联合攻关、成果共享。三是提升“互联网+”应用能力。通过基础设施、集群管理与服务、生产性服务等智能化发展，集群主体与内外部创新链、供应链、服务链互联互通，形成创新、协同、精益、开放、共享的产业生态体系，提升产业集群系统效率和竞争能力。四是强化品牌引领。深入实施标准化战略，制定重点产业标准化发展规划；全面实施企业产品和服务标准自我声明公开制度和标准“领跑者”制度，鼓励企业主动创新、制定和实施高标准。深入实施增品种、提品质、创品牌“三品”战略，加快培育一批知名度高、美誉度好、附加值高的国字号、省字号区域品牌。加大自主知识产权开发和保护力度，鼓励集群内企业及时将科研成果、核心技术申请知识产权保护，严厉打击侵犯知识产权的违法行为。

（五）在优化服务上，坚持深化放管服改革与重点发挥行业协会作用相结合

产业集群作为一种地域化生产组织，其形成和发展有赖于良好的区域营商环境；作为一种分工协作、紧密配套的“蚁群经济”，同样有赖于生产性服务业提供的中介服务，以降低成本、提高效率。美国有竞争力的产业集群无一例外都有一个良好的制度环境，政府与非营利机构为集群企业发展提供有效的便利服务。

与产业集群发展需要相比，山东省营商环境还不够优化，企业

制度交易成本、隐形负担仍然较重，公共服务体系尚不完善，在一定程度上制约了产业集群持续、快速、健康地发展。因此，应进一步深化“放管服”改革，突出行业协会和平台建设，完善社会化、市场化、专业化的产业集群公共服务体系。一是深入推进“一次办好”改革。推行“五个一”集成服务，开展好优化企业开办、优化建设项目审批、便捷获得信贷等十大专项行动，为集群企业发展提供“保姆式”服务，当好企业发展的“店小二”。进一步放宽市场准入，允许非公有资本进入电力、电信、通信等行业，有效激发民间投资活力。健全降成本联席协调机制，落实降低用能、物流、用地等政策，指导集群企业提高精细化管理水平，强力推进企业降本增效。二是提升行业协会服务产业集群的水平。推动产业集群依法组建行业协会、商会和产业联盟，发挥其在行业规划、调查、自律等方面的重要作用，加快建立专业化市场服务体系。支持各类行业协会、商会和产业联盟成为集群企业综合性服务平台。支持行业协会或联盟成员间实行集约化采购、共有品牌等多种合作模式，打造利益共同体。推动行业协会建立完全面向市场独立运行的体制机制，建立产权清晰、权责明确、运转协调、制衡有效的现代法人治理结构，提升服务水平。三是进一步加强产业集群公共服务平台建设。积极探索公共服务平台共建共享机制，运用政府购买服务、无偿资助、业务奖励等形式，鼓励政府部门、社会团体、骨干企业、中介组织等各类市场主体、各类资金投入产业集群公共服务平台建设。按照产业集群发展需求，建设一批突破地域限制、多个集群联动、各类资源共享的创业孵化、研发设计、检测检验、展览销售、融资上市、大数据服务等公共服务平台，依托“大数据”等媒介，为集群企业提供社会化服务。

美国农业发展的研究与思考

山东省人民政府研究室　王浩

2017年9月10—30日，笔者有幸参加了山东省政府研究室组织的赴美国“政府政策研究与智库对策研究结合路径方法研究”培训。经过20天紧张充实的学习，详细了解了美国政府政策制定的基本理论、技术手段、路径方法等制度体系建设情况和组织运行情况，交流研讨了美国社会智库、各利益相关方在政府决策过程中所发挥的作用及影响政府决策的方式路径等内容。期间，还实地考察了卡托研究所、美国农业部、美国国家公共广播电台、纽约市长办公室数据分析办公室、纽约大学公共卫生与政策学院等智库、媒体和政府机构。通过学习考察，大家开阔了眼界、增长了见识、更新了观念，收获很大。现笔者结合自身工作实际，就美国农业发展情况的思考汇报如下。

一、美国农业发展基本情况

美国国土面积936万平方千米，其中耕地面积18817万公顷，占国土面积的20%，人均接近0.6公顷。2012年美国农业普查显示，从事农业生产的人口约占总人口的1%。平均年降雨量为760毫米，土地、草原和森林资源的拥有量均位于世界前列，土质肥沃，海拔500米以下的平原占国土面积的55%，有利于农业的机械化耕作和规模经营。2012年，美国的谷物总产量为3.63亿吨，人均占有量1160千克。美国拥有巨大的粮食储备，谷物的结转库存居世界第一，近年来大致接近世界库存总量的1/3。美国的畜牧业和种植业并重，在美国的农业总产值中，2012年种植业占52%，畜牧业占48%。美国畜产品在世界上占有巨大的份额。2012年，美国畜产品销售量为全世界第1位，其中牛肉占世界的21%，奶占18%，蛋占12%。

第一，得天独厚的发展条件。美国有50个州，3045个县。2006年人口突破3亿人，其中农业就业人口约300万人。美国是世界上耕地面积最大的国家。美国人均耕地是世界人均耕地（0.23公顷）的2.9倍。美国农用地大部分位于北纬25°~49°的北温带和亚热带，土地平坦，土壤肥沃，气候条件优越。美国是世界上农业生产技术水平最高、劳动生产效率最高、农产品出口量最大、城市化程度最高的国家之一，农业是美国在国际市场上最具竞争力的产业之一。

第二，各具特色的优势布局。经过多年的区域发展、优势布局，美国农业已形成各种特色鲜明的产业带、产业链。自19世纪开始农业商品化进程至今，全美已形成牧草乳酪带、玉米带、棉花带、烟草和综合农业带、小麦带、山区放牧带、太平洋沿岸综合农业带、亚热带作物区8个专业化农业生产带。处于每一生产带的农场一般只生产一种或几种产品，甚至只从事某种产品某一生产环节的工作。例如，美国西部经过大开发后，其区域优势十分明显，加利福尼亚州已成为美国最大的水果、蔬菜生产基地，随处可见一望无垠、满山遍野的杏园、葡萄园、柠檬园、橙子园。

第三，高度发达的机械化作业。美国海拔500米以下的平原占国土面积的55%，有利于农业的机械化耕作和规模经营。从某种意义上讲，美国农业的发展是农业机械化的发展，农业生产主要依靠家庭农场，家庭农场经营规模大，主要依靠机械化作业。在美国，农民就是机械手和卡车司机，驾驶卡车在田地巡视，操作农机在地里耕作，整地、深施肥、收获等各种农业作业项目全部实行机械化，有的项目还实行复合作业。家庭农场实行公司核算，科学种植，机械标准化作业，生产效率较高。

第四，科学合理的资源利用。美国高度重视农业资源保护。一是进行盐碱地治理，改善土壤物理性能，科学选择适合土壤种植的作物品种。二是发展旱作农业。三是开展保护性耕作，注重培养地力，实行免耕耕作制度，全国免耕面积占总耕作面积的1/3；对农作物秸秆实行机械还田。四是实施休耕法。美国政府规定了土壤保护标准，农户的耕地经过检测后达到了规定标准，就可以得到政府的补贴，否则就得不到政府的补贴，从政策上激励农户保护土壤。

第五，政场结合的节水举措。节水技术的普遍利用是美国农业最重要的举措之一。美国旱作农业十分发达。如美国西部的加利福尼亚州为了解决中部水资源短缺问题，修建了848千米的引水工程，将北部的科罗拉多河水引入中部，满足中部地区农田灌溉需要。其运行机制是政府由投资修建主渠道，家庭农场自己投资将水引进农田，充分发挥政府和家庭农场双方的积极作用。

第六，紧密连接的产业链条。美国农产品生产、加工、营销各环节紧密相连，产业化水平很高，实现了“从田间到餐桌”的产加销一体化。一方面，超市、连锁店等大型企业建立了自己的配送供货机构，直接到产地组织采购、加工；另一方面，农产品加工企业发达，规模较大，加工水平较高，成为家庭农场与市场销售的中坚力量。例如，Sunkist公司是一家大型果品加工企业，加工各类果品，年销售额25亿美元。该公司加工设备先进，加工能力强，流水线作业，能带动许多家庭农场的发展。同时有先进的运输定位系统，在距离1000千米范围内，订货后24小时内可送货上门。为了提高农业的效益，美国基本上不直接销售初级产品。农产品加工体系强大，经过对农产品精选、加工、包装后销售，农产品价值能提高 1 ~ 10 倍。

第七，效率颇高的现代产业。2012 年，美国农业总产值占 GDP 的 1% 左右，虽然份额不大，但是产业效率很高，农业生产完全实现了机械化，生物工程发展迅速，农产品的商品化程度高达 90% 以上。尽管美国农业发达，但农业人口却很少。根据美国人口普查局的数据，2012 年，美国农业就业人口仅 300 万人，占总就业人口不足 1%，平均每个农业就业人口占有耕地面积 57.4 公顷，据美国农业专家估计，美国一个农民可以养活 98 个本国人和 34 个外国人。美国是世界上第一大农产品出口国，2012 年农产品出口额约为 770 亿美元，在世界农产品贸易中占有较大份额，其中小麦出口占世界市场的 45%，大豆占 34%，玉米占 22%。根据美国农业部的数据，2012 年美国农户的平均家庭收入为 8.4 万美元，连续 11 年超过全美平均家庭收入。

二、美国农业发展的经验

（一）政府对农业的扶持

美国实行的是“以工补农”政策，发达的工业和高科技产业扶持起了一个发达的农业。扶持体现在各个方面，主要是农村道路、通信、电力等基础设施建设；农产品价格的直接补助；较低的农业税收政策；良好的技术服务；积极开拓农产品国内尤其是国际销售市场等。在农民家庭收入中，政府的补贴占 24%。这对农业生产者降低生产成本、提高农产品市场竞争力起到了重要作用。我国目前农民的负担较重，农村基础设施建设落后，乡村道路建设、电网改造等，在有些地方还需要农民出资，农产品生产成本居高不下，销售不畅，影响了农民生产的积极性，进而影响到农业的发展。要解决这些问题，必须加大国家对农业的扶持力度，没有政府的大力扶持，实现现代化发达的农业是不可能的。在发达国家是这样，在发展中国家也是如此。

（二）不断延伸和完善农业产业体系，促进农业产业升级

美国农业的发展过程，实际上就是农业产业体系不断延伸、完善、升级的过程。1820 年以后，美国农业进入商品化阶段，农业不仅是生产问题，而且开始向农产品的加工、销售方面延伸。到了 1860 年，美国第一次农产品过剩危机爆发，促使农业产业体系进一步升级，使农产品的生产、加工、销售等各环节有机结合、相互促进，并与国民经济其他部门相融合。目前，虽然美国从事农业生产领域的人口只占总人口的 2%，但是，从事与农业生产有关的化肥、农药、种子等生产资料的生产、供应和农产品加工、销售以及为农业生产服务的人口至少占到了总人口的 15% 以上。在美国，农业生产资料的生产、供应体系，农产品加工、销售体系，农业科研、教学、技术推广体系，农作物种子、家禽畜种的培育、繁殖、加工、销售体系，农产品质量检测、监督体系，农业信息服务体系都很健全。这些体系与农业生产体系密切相联，共同作用，形成了一个庞大的农业产业体系。这一体系的形成和完善，有力地支撑着农业生产，促进了农业的发展。我国的农业产业体系正在形成。目前的问题是，产业体系内部的有些体系还不健全，体系之间的联系不密切，整个农业产业体系的功能没有充分发挥。

（三）科技在农业生产中发挥很大的作用

在美国，农业科技贡献率已近 70%，而我国只有 40%。科技在美国农业生产中之所以贡献率高，除了政府对农业科研、教育的重视，农民自身文化素质较高，还有一个很重要的原因是美国农业技

术推广的体系比较健全，作用发挥得好。美国的农业技术推广工作主要是由州立大学的农学院承担。大学教授有 1/3 的时间从事教学，1/3 的时间从事科研、1/3 的时间从事推广工作。大学与地方郡政府联合组建郡农技推广中心，负责本区的农业技术推广工作。人员由大学教授和地方招聘的科技人员组成，经费由联邦政府、州政府和地方郡政府分别承担。在郡里，有一个由大学、政府、技术推广和农民代表组成的农业推广指导委员会，他们定期沟通各方意见，审定推广工作计划和经费使用计划，对农技推广中心的工作进行评估、监督和指导。这种体系真正做到了科研、教育、推广和生产的结合，相互促进，增强了工作的有效性。大学除了为农民推广技术，现在也为种子、农药、化肥等有关涉农企业提供技术培训、咨询服务，这些企业在为农民提供物资服务的同时，提供技术服务，达到推广的目的。我们不一定要完全照搬他们的做法，我国有一个独立的推广体系，目前的问题是，这个体系与科研、教学部门的结合不紧密，工作的经费没有保证，作用发挥得不充分。农民参与推广的程度很低，农业技术推广部门对政府负责的程度远大于对服务对象农民的负责程度。科研、教学部门受职称评审、职务晋升政策导向的影响，专家、教授从事推广工作的积极性不高。可以设想在省、县组建农业技术推广委员会，及时沟通各方面的情况，研究解决推广中的问题。农业科研、教学单位要制定政策，鼓励和要求专家、教授除了科研、教学，还要保证有一定的时间从事农业推广工作，做到为农民服务，为农业发展服务。国家应该保证农业推广的工作经费，推广部门要真正树立为农民服务的思想。

（四）农业经营有一个适度的规模

美国地多人少，随着科技和经济的发展，农业人口在不断地分化减少，农业经营容易形成规模，获得规模效益。美国以家庭农场为主，而且兼业农户较多，平均每个农场的耕地面积在200公顷左右，养殖户一般养奶牛100头以上，生猪年出栏率在2000头以上。如明尼苏达州有8万多个农场，纯经营农业的只有2万多个，占25%。我们没有那样得天独厚的土地资源，不可能形成很大的经营规模，但是，我们应该采取积极的措施促进农村人口的分化，按照“自愿、条件、有偿、规范、有序”的原则，引导农民依法进行土地的合理流转，以适度扩大农业经营规模。可以大力发展兼业农户，提高农业经营者的效益。如果不向这方面发展，让广大农民只停留在人均0.1~0.2公顷的耕地上做文章，那只能是维持简单的生产和生活，农民富裕、农业的进一步发展是很难的。

三、对山东省农业发展的建议

（一）大力发展“智慧农业”

“智慧农业”就是将物联网技术运用到传统农业中，运用传感器和软件通过移动平台或者电脑平台对农业生产进行控制，使传统农业更具有“智慧”。当前，山东省已进入传统农业向现代农业加快转变的关键阶段。习近平总书记要求山东省打造乡村振兴的齐鲁样板，实现两个“走在前列”的发展目标定位，必须充分借鉴美国发展智慧农业的先进经验，积极发展智慧农业。一要努力研制具有查询、调度、定位、测量、计算、管理等诸多功能的“智慧农机”，着力突破适用于农业动态多变环境使用的关键技术，开展大田生产、设施园艺、畜禽水产养殖等领域的无线传感网络技术及产品应用研究，实现农业物联网科技的多领域平衡发展。二要努力发展农业大数据。充分利用现有数据资源，完善数据采集共享功能，建设完善农业农村信息综合服务平台，推进农产品质量安全信息服务，建立农产品生产环境、生产资料、生产过程、市场流通等数据，实现数据自动化采集、标准化处理、可视化运营，可实现农产品质量安全追溯，促进消费安全。三要努力完善农业物联网应用服务模式，加快农业应用云计算服务平台研究，支持农业与农村智能信息服务产业发展，认真做好产业构建与发展、技术演进和体系构建等顶层设计，加强农业物联网技术标准研究。四要努力构建综合、高效的农业知识服务体系，为培育“智慧农民”提供多方位的农业知识及农业技术推广服务。继续加强农村地区通信、信息技术的基础设施建设，通过开展农民信息技术及相关技能培训，使家庭农场主、专业大户、合作社成员、返乡创业人员等率先成为“智慧农民”。促进农业电子商务切实提供“智慧农业”服务，要重视农业电子商务网站质量的提升，强调农业信息的针对性和时效性，鼓励并引导农民更多地运用农业电子商务来发展效益农业。

（二）加快培育新型农业经营主体

新型农业经营主体是现代农业发展的主力军，实现乡村振兴的“火车头”。要加快培育新型农业经营主体，充分发挥其带动引领作用，以点带面，促进农业增效、农民增收。支持新型农业经营主体发展加工流通、直供直销、休闲农业等，实现农村第一、第二、第三产业融合发展。支持“一村一品”示范村镇和农民合作社示范社建设电商平台基础设施，允许新型农业经营主体依法依规盘活现有农村集体建设用地发展新产业。支持新型农业经营主体带动农户应用农业物联网和电子商务，加快实施“互联网＋”现代农业行动。办好农业职业教育，鼓励新型农业经营主体带头人通过“半农半读”、线上线下等多种形式就地就近接受职业教育，组织农民参加职业技能培训和技能鉴定。鼓励农民工、大中专毕业生、退伍军人、科技人员等返乡下乡创办领办新型农业经营主体。引导农村产权流转交易市场健康发展。拓展山东省乡镇（区域）农技站服务功能，为周边农户提供公共服务。推动基层农产品质量安全监管机构提供追溯服务。加快省、市、县、乡四级农、畜产品质量安全检验检测体系建设。统筹利用粮食仓储设施资源，多渠道开发现有国有粮食企业仓储设施用途，为新型农业经营主体、农户和加工企业提供粮食产后、仓储保管和粮食配送等服务。

（三）健全完善金融支农体系

金融是现代经济的核心和血脉，是推动农业供给侧结构性改革的坚强后盾。要积极拓展政策性银行涉农业务，增加对农业发展的资金供给和促进支农资金的有效配置，促进农业经济快速健康发展。要强化农村金融机构的支农功能，对金融机构的涉农业务实行税收优惠，使农信社的税收优惠政策惠及所有的涉农业务金融机构，根据金融机构涉农资金额度的高低享受不同等级的税收优惠政策，同时也应根据各个地方经济发展情况的不同而有所差别。要增加国家政策性资金的补贴力度，政府应加大政策性资金对农业的补贴力度，如通过财政补贴、保费补贴等方式合理补偿发放农业贷款和农业保险的金融机构，提高涉农金融机构的风险覆盖能力，使农业成为金融机构资金持续投入的领域，增强金融机构对农业生产领域资金投入的积极性和主动性。要完善信贷管理体制，加快农村金融工具创新。适当下放涉农信贷业务的审批权限，简化信贷业务流程。制定灵活机动的信贷额度和规模，根据不同对象调整利率浮动幅度，创新农村金融产品，如“农户大额信用贷款”“农业产业化龙头企业贷款”“农村产业信用共同体贷款”等。要加强农业保险服务，完善农村保险制度。不断完善农业保险组织体系，扩大保险公司的辐射范围，对农业保险公司实施政策扶持，如给予一定比例的保费补贴等，提高保险服务水平，创新保险品种，提高农业保险理赔效率。

从美国农业普查数据看乡村振兴战略实施

山东省人民政府研究室　王树平

美国是农业大国强国，其耕地面积、土壤条件、机械化程度和科技创新情况，优势条件明显，在国际农产品市场上的竞争力十分突出。根据美国农业部国家农业统计局（NASS）的普查统计报告，笔者对2012年的部分美国农业普查统计数据进行了整理，结合山东省农业发展实际，对全面实施乡村振兴战略做了初步思考，提出以下三点建议。

一、2012年度美国农业普查统计数据（部分）

NASS隶属于美国农业部，在全美、华盛顿特区及波多黎各有46个办事机构。每年就农业生产、经济、人口和环境等方面进行数百种调查，发布近500份国家报告，同时，这些普查数据最主要的是美国农业数据和信息来源，目前最新的普查数据截至2012年底。

（一）关于农业人口

与2007年相比，2012年美国农民年龄更高，总数量下降，其中女性下降幅度比男性更大。少数民族经营的农场更多，新入职农民减少。320万农民经营着210万个农场，无论是第一、第二还是第三经营者，2007—2012年数量都在减少，其中第一经营者减少4.3%。44%的农场有2个经营者，7%的有3个全职经营者。第一经营者与第二、第三经营者有很多不同，他们更年长，更可能是男性，而且把农场作为最重要的职业。据统计，第一经营者中86%是男性，48%把农场作为最重要的职业。相比第二、第三经营者，他们离开农场的时间更少，78%在他们现在的农场工作了10年以上。67%的第二经营者是女性，其中90%是第一经营者的配偶。大多数农场的经营形式是家庭或者个人。第三经营者往往比第一经营者年轻，45%在现在的农场工作不超过10年。

从事农业的女性更少。在210万第一经营者中，女性为28864人，比2007年减少6%，降幅超过男性。从所有女性经营者看，降幅只有1.6%。女性只占第一经营者的14%，但在所有经营者中占30%。与其他地区相比，一些地区女性农民比例更高，如新英格兰、亚利桑那、俄勒冈和华盛顿州。有16个州的女性第一经营者增加了，34个州有所减少。年销售额超过1万美元的女性经营者有所增加，但女性作为第一经营者的农场中，91%的年销售额低于5万美元。与30年来的趋势一致，农民的平均年龄在持续增加。如第一经营者，2007—2012年平均年龄增长了2%。尽管第二和第三经营者比较年轻，但平均年龄也分别增加了4%、3%。在所有第一经营者中，6%在35岁以下，61%在35~64岁，33%超过65岁。

无论何种类型，少数民族经营的农场在2007—2012年都有所增加，其中西班牙裔增长达到21%。尽管超过一半的农产销售额少于1万美元，但在这个区间，各少数民族比例分布也不均等。2012年，超过1/3的亚裔第一经营者农产品销售额达到或超过5万美元。70%的农场拥有互联网销售渠道，对所有少数民族农民群体来说，互联网销售量都有所增加，其中非裔和亚裔均增长了20%。

新农民越来越少。2012年，在现在农场工作少于10年的新农民比2007年减少20%。接近17.2万名农民在现在的农场工作不到5

年，比2007年减少23%。在所有类别中，第一经营者的比例变化较大，亚裔经营者工作低于10年的比例最高。210万农民中的大多数销售额较少，75%低于5万美元，57%低于1万美元。对3/4的经营者来讲，农场也是他们的居住地，但并没有为他们提供大部分家庭收入。对150万农民家庭来讲，来自自己农场的收入占家庭收入的比例不到25%。2012年，61%的农民在农场外工作过一些时间，其中40%甚至达到或超过200天。从全美国来看，首要工作不是农业的农场第一经营者达到52.2%，一些地方达到65%以上。

（二）关于农业经济

在美国，一个统计年度内，农产品生产和销售额（包括预计销售额）达到或超过1000美元的地方，都被称为农场。2012年，美国农产品销售额达到了历史最高水平，无论是农作物还是畜产品，销售额都创造了新的纪录。农场收入比2007年有所提高，但农业生产成本也是如此。收入的增加，也并不意味着会为所有部门带来均等收益，农产品产量和销售额呈现出按地理或者农场类型以及行业集中的特点。2012年，谷物销售额历史上第二次超过畜产品销售额（第一次有统计是1974年），达到212.4亿元。

2012年，美国农场农产品销售额约3950美元，比2007年增长约970亿美元，增幅33%。谷物累计增长690亿美元，畜产品增长约290亿美元。与2007年相比，分别增长48%、19%。所有农产品中，谷物占销售额的54%，而在2007年，这一比例不到50%。从地理集中度来看，13个州农产品销售额超过100亿美元，占全部农产品销售额的62%。加利福尼亚州最多，为426亿美元，占10.8%，最少的俄亥俄州为101亿美元占2.6%。几乎每个郡都有农产品，但种植密度从州到郡都千差万别。最高的10个郡中有9个在加利福尼亚州，销售额达290亿美元，占7%。弗雷斯诺郡，农产品销售额达

50 亿美元，超过了 23 个独立州的总和。从农场类型看，多数农场很小，农产品价值集中于相对较少的大农场。2012 年，75% 的农场销售额不足 5 万美元，加起来只占农产品价值 3% 的份额。相比之下，销售额超过 500 万美元的农场不到 0. 5%，但这些农场的产品价值超过全部农场的 32%。销售额超过 100 万美元的农场占所有农场的 4%，其农产品价值却达 66%。大农场的分布也不平衡，新英格兰和东南地区州的农场销售额大都在 5 万美元以下，在一些中西部州，几乎一半农产品销售额都在 5 万美元以上。从行业来看，尽管农作物和畜产品的销量 2007—2012 年都有所增长，但并不是所有的商品都是如此。在所有商品中，谷物和油菜籽类别增幅最大，达 70%，但即使在这小类别里，谷物差别也很大，大豆增长 91%，玉米增长 69%，小麦增长 48%。其他商品增幅较小，苗圃产品和温室产品有所下降。在畜产品中，牛肉、猪肉增长最多，为 25%。

作为农产品销售收入的补充，农场的收入还包括政府补贴和其他一系列与农场有关的活动收入。这些项目加起来，美国农场 2012 年的总收入是 4210 亿元。但农场生产成本也比 2007 年增长 36% 达到 3290 亿元。结果就是，农场现金净收入 920 亿元，比 2007 年增长 24%。政府补贴包括保护费、直接补贴、贷款贴息、灾害补贴以及其他一些联邦项目补贴。全美 210 万农民中，有 81 万余人接受了总额 81 亿美元的各种联邦农场补贴。农场数量比 2007 年减少 3%，但补贴额增加 1%。最大的变化是联邦保护项目的减少。据统计，2012 年农民登记注册的英亩数减少 29%，补贴减少 18%。与农场有关的收入包括租金、代耕业务、林产品收入、休闲服务、合作社股息、农业保险以及其他一些与农业生产紧密相连的活动和服务收入。对美国所有农场来说，这些收入在 2007—2012 年增长了 76%。农作物保险收入一项就增长了 3 倍多，这主要是受 2012 年大面积旱灾的影响。生产成本，2007—2012 年增长了 36%。最大的支出项目是种子、禽畜购买、肥料、雇工和利息，增幅最大的就是种子、农药和利息。从单位农场来看，大多数农场都相似，农场平均销售额比 2007 年增长 39%，相关收入增长 51%，但成本的猛增使净收入仅增长 29%，平均为 43750 美元。

2012 年销量前 5 位的商品是牛肉、猪肉和鸡蛋、玉米、大豆和牛奶，销售额 2610 亿美元，占所有农产品销售额的 66%。谷物中，玉米销售额 673 亿美元、大豆销售额 387 亿美元，销量最高的是加利福尼亚州、艾奥瓦州、伊利诺伊州、明尼苏达州、内布拉斯加州。畜产品中牛肉 764 亿美元，猪肉和鸡蛋 428 亿美元，销量最多的是得克萨斯州、艾奥瓦州、加利福尼亚州、内部拉斯加州和堪萨斯州。

（三）关于农场土地和建筑

2012 年，全美国农场不动产价值（包括土地和建筑）达 23000 亿美元，比 2007 年增加 5242 亿美元。每个农场平均 110 万美元，比 2007 年增长 36%。在单位农场平均价值最高的 10 个州中，8 个是美国中部的农业大州。但这 10 个州地理位置比较分散，从东北延伸到夏威夷。纽约金斯县的农场不动产价值最高，达 792500 美元，阿拉斯加的阿留申群岛县最低只有 42 美元。从趋势来看，除 2009 年有所降低外，1987 年以来，美国农场的不动产价值稳定增长，2014 年每英亩价值达 2950 美元，比 1987 年增长 5 倍。

每英亩农场不动产价值根据耕作类型和设施而有所不同。例如，肉牛农牧场依赖于草场，每英亩不动产价值最低，有先进农业设施和建筑的每英亩不动产价值最大，包括果树、园艺和猪饲养等。每英亩农场不动产价值也与农场大小有关，大的农场单位面积生物密度低，每英亩不动产价值最低。小农场特别是城市周围的每英亩不动产价值最高。每英亩农场土地价值在不同年龄间没有太大的差异，年轻和年长的农民持有的土地比例与其人口规模相似。如第一经营者中55岁以下的占38%，其占有农场土地占39%。55岁及以上的占62%，持有的农场土地占61%。

二、启示及建议

“三农”问题是关系国计民生的根本性问题，这也是各国开展农业普查的重要原因。应当看到，我国农业发展情况与美国差距明显，如在耕地方面，美国大部分国土地势广袤平缓，土壤肥沃，非常适于大规模现代农业发展，而且还有广大的未利用地、休耕地，加上农业装备精良、机械化作业程度高，农业发展潜力十分巨大。反观我国，国土资源空间分布不平衡，土地生产力区域差异明显，许多地方的可耕土地利用率已基本达到上限，甚至一些荒山荒坡、淤地滩涂等，只要能耕种的地方几乎都被开垦利用了，且农药、化肥使用广泛，现有条件下的土地产出率已达到极限，进一步提高的空间十分有限，保持农业的持续稳定增长压力很大。在人民日益增长的美好生活需要和不平衡不充分的发展之间的矛盾中，最大的不平衡，就是城乡之间的发展不平衡，最大的不充分，就是农村发展不充分。

党中央、国务院高度重视农业农村发展。党的十九大报告提出“实施乡村振兴战略”，并指出，要“完善农业支持保护制度，发展多种形式适度规模经营，培育新型农业经营主体，健全农业社会化服务体系，实现小农户和现代农业发展有机衔接。促进农村第一、第二、第三产业融合发展，支持和鼓励农民就业创业，拓宽增收渠道”。《中共中央国务院关于实施乡村振兴战略的意见》（中发〔2018〕1号），对实施乡村振兴战略做出全面安排部署。习近平总书记在参加十三届全国人大一次会议山东省代表团审议时，对乡村振兴战略做了进一步阐述，指出，要推动乡村产业振兴、乡村人才振兴、乡村文化振兴、乡村生态振兴和乡村组织振兴。这为实施乡村振兴战略指明了发展方向，提供了基本遵循。从美国农业普查结果来看，一些指标与我国的发展情况十分相近，其发展趋势在某种程度上也代表了国际农业的发展方向，值得我们借鉴思考。具体到实施乡村振兴战略，以下几个方面我们应该予以高度重视：

（一）夯实统计基础

美国农业统计体系比较健全，除了美国农业部，他们还在全国设立了许多办事处和信息统计收集员，这使得美国农业主管部门能准确全面地掌握每个农场的生产运营信息，从而做出相对准确的市场预测并进行相应的市场调控。如在看到 2012 年普查新农民数量下降、平均年龄上升后，美国于 2014 年推出了新的农业法案，并设立了农场服务机构（FSA）为新农民提供财政援助计划的灵活性，这为各类农场发展提供了更加有针对性的扶持措施和服务。我国也已建立了比较全面的农业普查制度，每 10 年进行一次全国普查，截至目前，国务院组织开展了第三次全国农业普查，最新一次普查的标准时点为 2016 年 12 月 31 日，时期资料为 2016 年度，为各级党委政府决策提供了全面准确的科学依据。但目前，与乡村振兴战略相适应的统计体系还没有建立起来。一方面，缺乏健全的统计指标。乡村振兴战略是农业农村发展的一次深层次变革，涉及经济、社会、文化、生态等各个方面，现有的一些统计指标还较侧重于经济方面，无法体现出农业农村全面领域的发展变化。另一方面，我国农业普查每 10 年进行一次，难以及时全面地准确反映复杂多变的农业农村发展情况，迫切需要进一步提高统计信息的及时性和科学性。

一是要加快研究建立乡村振兴战略统计指标体系，组织由相关部门、行业协会和专家学者等参与的乡村振兴战略统计领导小组，研究建立统计指标体系，完善统计方法。

二是适时组织乡村振兴基础情况普查统计，摸清发展基础，对一些指标进行动态监测，为各级党委政府提供决策参考。三是加大信息公开力度。从美国农业普查数据来看，对于不涉及国家机密和个人隐私的数据，公民可以通过各种方式进行查阅。如在线数据库、视频教程、API 数据接口、桌面数据查询、农业地图等。四是强化信息应用。无论是专业人士还是随意访问，人们都能得到自己想用的数据，如公民个人、政策制定者、社区规划者、涉农企业和团体以及调查分析研究人员都可以从普查数据中得到有用的信息。

（二）加大投入力度

农民是一种职业，不是一种身份。让农民成为有吸引力的职业，必须着力提高农民的收入和生活品质。有关资料显示，2013 年美国农业家庭年收入中位值为 7. 17 万美元，而全美国所有家庭收入中位值仅为 5. 2 万美元，这表明，农民家庭拥有相对更高的收入，也比其他家庭拥有更多的固定资产，这使得美国农民拥有较高的生活质量。长期以来，由于我国城乡二元体制和农业剪刀差，城乡之间要素不能双向流动，农民收入水平总体一直较低，虽然近年来农民纯收入增幅超过城乡居民人均可支配收入，但由于前者基数低，两者的绝对差额还是有所扩大。乡村振兴的前提是人才振兴，人才振兴必须提高农民职业吸引力。

一是靠政府，深化农村产权制度改革，让农业农村物有所值，提高农民财产性收入。此外，还要加大农业补贴力度。如前所述，美国政府农业补贴包括保护费、直接补贴、贷款贴息、灾害补贴以及其他一些联邦项目补贴。2012 年各种联邦农场补贴达到 81 亿元，平均每人 1 万美元，约占平均家庭收入中位数的 1/7，数额十分巨大。近些年，我国提高了农业补贴水平，但受农业生产成本提高的影响，很多地区还是出现了弃耕现象，这对粮食生产安全是一个巨大挑战，必须给予高度重视和积极应对。一方面，要逐步提高农业补贴水平，丰富补贴种类；另一方面，要探索适合国情、省情的农业补贴方式，实现精准补贴、“插花补贴”。

二是靠市场，加快推广农业保险制度。农业保险是预防化解农业生产经营风险，有效保障受灾群众基本生活，最大限度减轻人员伤亡和财产损失的重要手段，在美国等发达国家已经十分成熟完善。如美国农业保险大致可以分为三个层次。第一层是基础性保险，其中巨灾保险由政府全额补贴。第二层是政府提供部分补贴的附加性保险。第三层是政府不予补贴的一般性商业保险。有资料显示，美国政府对保险费用的补贴比率约为 60%，各保险公司累计赔付率约为 90%，基本维持收支平衡。近些年，我国一些地区也推出了政策性的农业保险，但保障水平普遍不高，原因之一就是商业性的保险种类不够丰富，农民参保意愿不够强，一些农民遇到天灾人祸或生产经营困难，还是习惯于找政府、找媒体，希望社会爱心捐助、政府送温暖，这显然有悖于市场经济规律。解决这一问题，必须培育多层次的农业保险体系。要鼓励社会力量参与农业保险，开发保障效率高、投保费率低的险种产品，方便农民选择，提高农民参保的积极性。政府要加大补贴力度，对农民购买保险给予一定比例的补偿。对于巨灾保险等险种，可以由政府代为购买，选择有竞争力的保险公司承担。如山东省潍坊、威海等地推出的综合民生保险，承保范围扩大到人身意外伤害，有效提高了农民的抗风险能力，受到社会各界的广泛关注。应大力推广这一做法，把保险纳入灾害事故防范救助体系，切实解决农民的后顾之忧。

（三）培育新型农民

与美国一样，我国的农民人口年龄也普遍较高，留守农村的妇女、儿童和老人，势必难以适应全面实施乡村振兴战略要求。必须振兴乡村人才，加快培育一支懂农业、爱农村、爱农民的农业农村人才队伍，特别是要着力培育新型职业农民，提高农民的职业化、知识化、专业化、年轻化水平，充分发挥人才新动能力量，为农业农村发展注入新的活力。一是鼓励返乡创业，发展“归雁经济”。农村外出务工青年包括乡村贤达、社会名人等，视野开阔，生产经营能力强，而且对农业农村感情深厚，应当成为乡村振兴的主力军。要采取切实有效的措施，强化服务保障，吸引更多的人回乡创业就业，在为家乡经济社会发展做贡献的同时，成就自己，实现价值。二是打造双创基地。鼓励吸引大专院校、科研院所等专业技术人员到农村建立创业基地，从事文化创意、产业创新等活动，一方面充分利用农业农村的各类要素资源，推动第一、第二、第三产业发展，提高产品产业附加值。另一方面，发挥好示范引领作用，带动周围农民参与到产业发展中，形成“小农户 + 基地”等生产经营模式，打造乡村产业振兴聚集区。如临沂朱家林，以文创产业活化乡村，重点打造以生态建筑、乡土文创、朴门农业、青创众筹、创意策划等项目为核心的青年创客中心、乡村美学馆、沂蒙生态建筑实验基地等工程，受到社会各界的充分肯定。三是鼓励更多的城镇居民把农业当作第二职业。美国农民中，首要工作不是农业的农场第一经营者达到 52.2%，一些地方达到 65% 以上。这部分人投入在农业上的时间、精力有限，与农民外出打工有所类似，但又十分不同。他们往往拥有较正式的其他职业和较高的收入，而外出农民工往往就业层次低，工作岗位不稳定，某种程度上难以称为职业。事实上，把农业农民作为第二职业，在广大城镇居民中非常受欢迎。近几年涌现出的体验农业、星期天农场等就是很好的说明。一些地区为鼓励城镇居民下乡还出台了一些支持政策，如武汉拿出补助资金，鼓励有一定经济实力、追求田园生活情趣的城镇居民，利用农村空闲农房和土地资源，发展乡村休闲、养生养老等，发展农村第三产业，实现“劳动变运动、居住变休闲”，充分利用农村资源，增加农民的财产性收入。要积极顺应这些发展趋势，理顺农村产权关系，加大政策引导力度，盘活农村土地、房屋等资源，在有效维护农民合法权益的同时，吸引支持城镇居民下乡投资兴业，为农民增收、农业增效、农村增绿打下坚实基础，为实现乡村振兴提供坚实保障。

美国生态环境保护经验与启示

山东省人民政府研究室　方兴

2017 年 9 月，笔者参加了山东省政府研究室系统赴美国“政府政策研究与智库对策研究结合路径方法”培训班。在美国期间，我们感受最深的除美国高度发达的经济、政党间相互抨击竞争和政策制定的复杂之外，还有清新的空气、遍地的绿色、美丽的环境。美国人与自然的和谐相处、保护自然原生态的理念和做法值得深入研究，对山东省生态文明建设具有一定的参考和借鉴意义。

一、美国生态环境保护的内涵

美国生态环境保护认识始于 19 世纪中后期，初期主要以民间先进知识分子的理论为先导、依托环境保护组织和民间力量，推动自下而上的环境保护。到 20 世纪 60 年代，美国现代环保运动有了广泛的社会基础，社会各界接受生态环保思想，促使美国政府在环保问题上变得更加积极。进入 21 世纪，可持续发展成为美国生态环境保护的主导理念，其中奥巴马政府推行“绿色新政”，发展循环经济、低碳经济等，生态环境保护呈现出蓬勃发展的态势。总体来看，美国生态环境保护内涵非常丰富，涉及人类健康和环境的方方面面。简单地可以分为棕色的环境问题和绿色的环境问题两个方面：

（一）棕色的环境问题，即污染防治问题

主要是要防治普通大众关注的环境污染，重点防控水体、大气、土壤等方面的污染物，力求减轻污染对人类身体健康的危害，保证人类呼吸的空气、吃的食物、生活的环境不会影响健康。在这个方面，美国经历的是“先污染后治理”的路子。19 世纪美国经历了工业革命，实现了工业化，建立了煤炭、钢铁、石油等工业生产体系。伴随着重工业的建立和发展，释放出许多有害气体和物质，当时美国发生了世界八大环境公害事件中的两起——多诺拉烟雾事件和洛杉矶光化学烟雾污染事件，到 19 世纪末和 20 世纪初期，美国的西部工业中心城市，如芝加哥、匹兹堡、圣路易斯、辛辛那提等煤烟污染相当严重。在环境污染逐步恶化之时，1970 年美国环保局成立并开始采用强有力的国家法律来控制污染问题，环境污染状况得到了很大的改善。

在污水治理方面，美国实行严格的水排放标准，要求排入公共污水设施的废水必须达标。为处理污水，全国共建有 2 万多座污水处理厂，健全污水收集处理系统，注重创新污水处理技术，通过模仿湿地、河流、溪流等的自然净水过程，快速有效地清除废水中的污染物，保证了水生态系统的保护和有效平衡。我们在巴尔的摩污水处理厂考察时工作人员介绍，美国基于污染物排放削减制度的现代水污染管理系统，规定污染源的排放必须经过许可。目前，美国工业污水排放严格执行标准，不存在超标排放，农业投入品如肥料的施用量、种类也有规定，不允许超量污染地下水质。

在空气污染防治方面，美国把空气污染物分为一般污染物和有害污染物，其中一般污染物是臭氧、微颗粒、一氧化碳、铅、二氧化氮和二氧化硫，有毒污染物是对人体明确有毒有害的污染物，共包括 189 种化合物。美国环保局在全国布局数千个空气监测站，定

期对各地区的空气质量进行监测分析，将空气污染物的主要来源分为固定污染源，包括化工厂、发电厂、钢铁厂、工业焚烧炉和医院等；移动污染源是指汽车、飞机、火车、轮船等交通工具；另外还有局部污染源和自然污染源。为治理空气污染，美国设立国家空气质量标准，对6种主要空气污染物，国家设立了排放标准和年最高排放量，与州、部落和地方政府合作，控制各类污染源的排放。同时，美国相继实施了酸雨计划、净化城市计划等，对污染物中的二氧化硫、一氧化氮等进行专项治理。

在固体垃圾治理方面，美国很早就实行固体垃圾集中收集处理，目前大约有27000家企事业单位参与固体废物的管理和经营。在生活垃圾处理方面，我们深切感受到了美国生活垃圾处理的严格及规范。美国生活垃圾采取强制付费回收，分类处理意识已经深入每一个人心中。美国居民住房子门口一般都有绿色、蓝色、灰色三个垃圾桶，其中绿色垃圾桶用来存放花园及厨余垃圾，一般由当地垃圾处理公司免费回收，加工成优质的有机肥料；蓝色垃圾桶放玻璃制品、金属制品等能够回收再利用的垃圾，分类挑选后送往回收企业循环利用；黑色垃圾桶中的垃圾则会被焚烧发电或填埋。在参观巴尔的摩垃圾收集场时我们发现，垃圾运输车辆按是否可回收有明确标识，由于在居民家里垃圾分类已经做好，垃圾收集后直接压缩装车运输，垃圾一般在收集场停留不超过3天，周转效率非常高。

（二）绿色的环境问题，即大自然生态环境保护

这方面重点是营造良好的人居环境，减少人类活动，保护大自然原有的生态平衡，形成人与自然和谐共生。美国生态保护的内容较多，我们可以从以下几个方面进行简单分析。

一是人类生存环境的改善。随着美国经济快速发展以及居民生活水平不断提升，人们开始对居住环境的舒适性和安全性提出了更

高的要求，在城市内寻找自然呼吸空间和休闲娱乐场所是居民所关注的焦点。在参观访问的路途中，穿行于城市间发达的路网之间，道路两侧随处可见原生杂交林，就连公路两侧绿化，甚至城市中心区域，也是采用原生林和天然草坪，做到了“见缝见绿”。美国注重建设城市公园，1858 年纽约建立了第一个城市公园，之后各大城市陆续建立中央公园，并由单一绿地逐步发展为带状绿地，其功能也从早期的环境保护、防灾、开发引导转变为居民户外活动的主要场所。我们在弗吉尼亚州的费尔法克斯郡居住期间，经常到附近的小公园散步。这个小公园面积不到 1 个足球场的大小，但是绿化非常好，外围是一片草地，草势长得非常好，由于经常有人修建，非常平坦。草地上有非常多的小松鼠跑来跑去，一点儿也不怕人。小公园的中间是一小片树林，乔木高大，灌木丛生，植物种类繁多，长得非常茂密，乍一进入，有一种原始森林的荫凉感，高大的树木都有几十年的“年龄”。有的地方还有天然的水源，旁边立有指示牌，标明该地现有的动植物情况，像这样的小公园差不多 5 千米就有一个。

二是自然生态的保护，美国对自然生态的保护主要体现在国家公园方面。美国国家公园以保护国家自然文化遗产为主要目的，确保资源的真实性、完整性和可持续利用是美国国家公园发展的基础，保证“下一代人欣赏真实原始景色”。美国早在 1872 年就建立了世界上第一个国家公园——黄石国家公园，现已经发展到 400 多个。目前，国家公园已经成为美国进行科学、历史、环境和爱国主义教育的主要场所。翻译介绍说，由于历史较短，美国人总是感觉低欧洲一等，因为美国没有罗马遗迹，没有长城，没有雅典卫城，没有帕特农神庙，似乎是个低人一等的国家，因此美国对自然风光特别给予保护。

三是野生生物的保护。在美国，保护野生动物的意识浓厚。人们与飞禽走兽和平相处，大大小小的野生生物保护区随处可见，钓鱼打猎要遵守相应的法律规定。美国政府从20世纪开始采取措施保护野生资源，推动立法对渔猎进行管理，设立狩猎和内陆渔业主管部门，进行保护野生资源的宣传教育。我们在考察途中，特别是途经乡间公路时，经常看到路旁有警示牌，写着“缓慢行驶，小心有鹿”，也曾经与鹿远远相望，看着鹿飞奔跨过公路潇洒的影子，赞叹人与自然的和谐相处。翻译给我们讲了一个故事，也体现出美国人对自然生物的保护：美国人采矿是有严格要求的，首先要对矿场的自然生态进行分析，把矿场的生物状况临时迁移到其他地方，等到矿场挖完了，再将原来的生物，包括动物、植物以及微生物等送回原地。

二、美国生态环境治理保护经验

（一）完善的生态环境治理保护政策体系

美国注重通过法律加强生态环境治理与保护，自20世纪60年代开始，在环保组织、不同党派和总统的推动下，美国陆续制定了一系列环境保护法律法规。目前，美国形成了国家环境政策法案、资源保护与恢复法案、水土保护法案等30多项法律法规，上千个环境保护条例，形成了一个庞杂和完善的环境法律体系。同时，美国州、区域和地方政府也都制定了本辖区的生态环境治理保护政策，下一级政府制定的规定只能比上一级政府制定的规定更加严格，四级政府通力合作，共同实施，确保实现环境保护目标。

（二）健全的联防联控管理机制

生态环境保护是美国联邦政府的重要职责之一，也是维护总统支持率的重要工作内容。美国实行环保部门统一管理与其他部门分别管理的全方位管理模式。在联邦层面，美国设立直属总统办公室的国家环境质量委员会和美国国家环境保护局两家机构，由总统亲自领导，对总统直接负责。环境质量委员会任务是在大量调研的基础上编制全国环境质量报告书，向总统提供制定环境政策和措施的科学依据，为环境立法收集资料。可以说，环境质量委员会既是总统国家环境问题的咨询机构，也是行政机关的协调机构，更是制定环境政策的重要主体。环境保护局是一个独立的行政机构，负责全国环境管理职责。政府各部门及各州政府也分别设置环境保护机构，管理各自的环境保护业务。在环境管理中，美国环保局与各州环保局之间是伙伴关系，而不是领导和被领导关系，美国环保局通过区域办公室监督各州对联邦环保法律法规的执行和落实情况，提供技术支持和资金援助。

（三）以经济手段引导减少污染

美国实行排污许可证制度，对可能造成污染的企业按照环境容量确定排污权，分配排污指标，同时，建立排污权交易市场，鼓励不同所有者之间排污权的交易。目前，排污权已实现全国内交易，成为迄今为止最广泛的排污权交易实践，充分发挥了市场的功能，既刺激技术落后的企业努力改进技术，减少排污量，又可以给治理成本比较高的企业留出交易空间，通过排污权交易体系获得排污配额，满足排污需求。在消费方面，美国也采取经济引导的办法。我们了解到，在 2008 年之前美国洛杉矶郡每年消费约 60 亿个一次性塑料袋，这些一次性塑料袋占全部垃圾总量的 25%，严重影响了城市和社区环境，也存在被海洋生物吞食导致它们窒息的可能。为此，洛杉矶郡政府自 2008 年 1 月开始实施“一次性塑料袋减量和循环使用计划”，购物者每使用一个塑料袋需缴纳 25 美分使用税，其中 7

美分归销售点所有，另外的 18 美分则上交政府，用于支持垃圾循环回收和防治环境污染的各项计划。在这个政策的影响下，当年就减少一次性垃圾袋用量 80% 。

（四）积极鼓励清洁产品使用

美国注重通过财税优惠政策鼓励企业家及家庭、个人更多地使用节能、清洁能源产品，以达到减排目标。在政府采购政策方面，鼓励再生材料的使用，各州政府都制定了优先购买再生材料的产品的政策和法规，对未按规定使用材料的行为处以罚金。在个人消费方面，政府鼓励循环使用个人用品，对回收再利用给予奖励。美国政府积极鼓励生态环境技术创新，大力发展循环经济，推动废弃物资源的回收利用，发展可再生资源。美国政府拨专款用于减少煤电环境污染技术的开发，并设立有关奖项鼓励对降低资源消耗、防治污染有实用价值的新工艺、新方法的研究开发，依靠科学技术推动环境和经济的协调发展。

（五）社会各界公众的积极参与

美国民众把环境质量安全作为自身不可侵犯的权利，时刻关注环境质量。目前，美国环保主义作为一种思潮深入人心，据民调显示，73% 的美国人认为自己是环保主义者，4/5 的人认为环境问题是非常重要的社会问题。美国公众参与生态环境保护的方式主要包括环境影响评价制度、公民知情权制度、环境公民诉讼制度。在环境影响评价制度中，编制项目环境影响报告书的全过程都必须充分听取公众的意见，接受公众的监督；为保证公民的知情权，民众和媒体可以利用公开的信息来发现各种环境问题。在美国考察期间，我们也多次看到民众发起的环保游行，特别是美国总统特朗普退出气候变化《巴黎协定》等举措也成为游行者谴责的主题。美国精英人群对生态环境更加关注，不仅对环境污染秉持“零容忍”的态度，更积极推动生物和平共处，崇尚对自然界少索取，防止因人类行为对自然界造成改变。

（六）坚持原貌推动生态修复

美国对已受到污染的土地、水资源和被破坏的生态，探索人为干预的办法促进生态的较快恢复。1980年，美国出台超级基金法就着手建立土地修复的法律和制度，旨在利用法律手段确保受污染土地得到有效治理。在土壤修复中，确定了保护人类健康和赖以生存的环境的优先权，按照人类健康造成影响的严重程度确定优先级别，确定污染情况，追溯潜在的相关责任主体，提出相应的解决方案和对策。在水生态修复中，美国采取调水引流、截污治污、河湖清淤、生物控制等手段，对受人类影响生态遭到破坏的河流、湖泊进行有效整治。

三、启示

（一）营造生态保护的浓厚氛围

美国生态环境建设经验，最重要的就是全社会重视生态环境。在政府层面，联邦政府、州政府、市政府等都把生态环境保护作为重要的施政纲领和工作内容，不断修订法律法规，严格生态环境标准，切实履行好监管职责；企业及个体私营者把生态环保作为重要的社会责任，自觉守好生态红线；民众也都把保护生态环境作为良好的生活习惯，真正形成了群众共同参与、共同监督的良好局面。目前，我国生态环保的意识逐步增强，但仍然发动不够。就山东省来说，有的基层政府还没有形成生态保护的红线意识，特别是前几年存在“先上车后补票”的情况，甚至对污染企业不想管、不敢管；有的企业把生态环保标准作为负担，对环保设施能停就停，想停就停，特别是群众还没有认识到生态环保对自身健康影响的重要性，面对污染忍让多，举报投诉少。建议要加强党政干部生态环保教育，把生态文明建设内化为自觉执政行为。要不断强化企业经营者、社会公众、中小学生等生态环保教育，提高公众对大气污染防治、水资源水环境保护的认知水平，形成环保人人有责的理念。要提高全民生态环保意识，健全公众参与机制、社会监督和信息公开机制，建立生态破坏和环境污染举报系统，保障群众对环境保护的知情权、监督权和参与权。鼓励各类社会组织和个人参与生态保护事业，积极宣传环境保护，倡导生态环保的生活生产方式。

（二）推动产业升级淘汰污染产能

美国生态环保的历史，也是经济转型发展的历史。为了生态环保，美国严格的排放标准倒逼企业产业转型升级，落后产业产能实现市场化退出。从山东省来看，产业层次低、高排放、高污染的问题还比较多。在2017年环保督查中，督查组指出，山东省环境保护工作重发展、轻保护问题较为突出，以重化工为主的产业结构和以煤为主的能源结构带来的环境问题依然严重。目前，山东省新旧动能转换全面展开，提出了做强做大“十强”产业的目标，对其中五个传统产业提层次、强实力，统筹推动钢铁石化等产业优化结构，向高端化、绿色化发展。建议要严控高耗能、高排放、高污染产业扩大生产规模，引导企业向高端化、低排放、低污染转型。鼓励企业抓住“一带一路”发展机遇，实现产能有效转移。要探索排污权转让等制度，用市场化的手段倒逼产业升级。大力实施产业升级计划，坚持发展先进制造业和现代服务业，加快发展新兴产业，改造提升传统产业。要进一步优化产业结构，把资源消耗产出比、能源消耗产出比和生态效益作为重要的经济社会发展评价指标，进一步完善体现生态文明要求的考核办法和奖惩机制。

（三）加强环保科技研究与创新

美国对生态环保的认识，是不断创新深化的，实现了与时俱进，可以说，美国环保技术和环保产业走在世界前列，不仅通过开发新技术和新产品维持民众已有的生活方式，也成为贸易保护的重要工具。有专家指出，正是由于美国环保科技的进步，才能保证在美国大量生产、大量消费的经济运行方式和生产高效、消费低效的国民文化中保持良好的生态环境，环保科技创新在推动发展方式转变和经济结构调整、解决污染治理难题方面发挥了重要作用。建议山东省要把环保科技创新作为重要的研究内容，一是强化基础和应用研究，按照水、大气、土壤污染防治三大战役要求，研究污染成因与作用机理等基础科学问题，为科学决策和精细治理攻关提供科学指导，特别是研究雾霾形成机理、治理办法等；二是加强生态环境容量研究，摸清环境容量限值，指导山东省生态环保工作推进；三是要把环保产业作为产业发展的重要方向，通过研究创新，形成一批环保优势企业。

（四）着力实施生态空间管制与修复

美国生态环境治理经验告诉我们，在生态环境中，杜绝污染只是基本因素，还必须树立大环保理念，向绿色、生态发展。目前，我国已经组建了生态环境部，由原来的污染排放监管与行政执法职责、加强环境污染治理等职能，扩大到保障国家生态安全、建设美丽中国统筹推进。建议在加强污染治理与防治的基础上，要更加注重生态环境的保护，通过划定生态红线，切实把自然保护区与水源保护区以及湿地、水体、山林等重要生态功能区严格保护起来，禁止与其主体功能不符的开发建设活动，进一步优化生态安全格局。要加强植树造林，探索建设环城生态林带，打造森林生态廊道，加快绿色美丽乡村建设。要按照绿色低碳、生态宜居的要求，大规模建设城市公园绿地，构建以生态绿色为基调，城郊一体的园林绿化体系。要积极探索推进污染环境修复工程，对涉水污染物实行排放总量与浓度“双控制”，全面整治城乡黑臭水体。要开展重污染土壤治理和修复试点。

赴美国培训报告

山东省人民政府研究室　张志收

2017 年 9 月，笔者随团赴美国参加学习培训。期间，听取了有关教授和实务部门官员所作的关于美国智库及影响政府决策的方法与途径专题报告，拜访了联邦农业部、国家公共广播电台、马里兰州议会、巴尔的摩市政府等机构，围绕美国智库建设问题进行了深入探讨，实地考察了普林斯顿大学、巴尔的摩市垃圾处理厂、污水处理厂、自来水厂等机构和企业，与相关负责人和专家围绕智库建设运行、生态环境保护等问题进行了座谈交流。在短暂的学习考察期间，所见所闻所感所获颇多。

一、公路交通发达

美国高速公路构成了城市的主要骨架，从中心城市连通了各郡（市）、小城镇及社区。城市街道、高速公路一般按英文字母、阿拉伯数字排列命名，给人以极强的方位感。高速公路纵横密布、四通八达、宽阔壮观，宽度大多都是双向 8 车道，超过 10 车道的很多，有的达到双向 20 车道。中间隔离带是自然生长的杂草，未做任何处理。高速公路经过居民区的地方，一般都修有很高的水泥墙，既隔音又安全。高速公路大多免费通行，连接其他各等级公路非常方便。少数路段专门设有自愿选择、没有堵车的收费高速，与免费高速隔离并行。美国人将高速公路称为“Free Way”，字面意思为“自由之路”。在美国人的理念当中，道路建设是为了提高运输效率，并扩大社会资源在全国范围内有序合理流动。因此，美国的高速公路极少收费，即使偶尔遇到一些，费用也很便宜，一般从 2 美元到 20 美元不等。每逢重大节假日，许多美国人习惯全家开车十几个小时去度假。在人们看来，比起乘坐飞机和火车，走高速最经济，也最惬意。

美国注重发展公共交通，基本形成了轻轨列车、地铁、有轨列车、公共汽车、观光列车等系统化的公交网络，且大多为单行道，交通非常快捷方便。公园、海岸设有专门的自行车通道和人行通道。市民大多住在远郊，上下班及其他出行一般驾车或乘车，因此被喻为“车轮上的国家”。美国铁路、空运、水运都很发达，配套先进、换乘性好。

二、人与自然和谐相融

我们发现，无论城市还是乡村、街道庭院，处处绿树成荫，绿草满目，干净整洁，环境优美，市民自觉爱护自己的生存环境。这里天空是碧蓝的，空气也纯净透明，没有烟尘雾霾。就连看远处的山山水水也是那么清晰。无论是热闹的城市还是僻静的郊区，几乎见不到裸露的地面，到处都是大片大片的绿地，令人心旷神怡。行驶在高速公路上，环视两侧，满眼是一望无际的森林和草地。城市都有大规模的公共园林绿地，华盛顿市容市貌非常整洁，整座城市就像一个大花园，建筑物错落分布在树林花草之中。在寸土寸金的纽约市中心，拥有 5100 多亩的原始森林般的中央公园。美国东部森林覆盖率很高，华盛顿、弗吉尼亚、宾夕法尼亚、纽约、新泽西等森林覆盖率都超过 60%。垃圾分类做得很好，每一条街道都很干净、整洁，几乎见不到垃圾纸屑。这里没有国内城市里到处可见的专门清洁工，家家户户的垃圾都是按照规定自觉分类，可见这里的每一个人都有很强的环保意识。城市、城镇、社区房前屋后及道路两侧的行道树穴周围，大都覆盖着树皮、枝条、落叶以及木材边角料粉碎后经一定处理的有机物料。居民社区绿化意识很强，法律规定任何私人宅基地在建房前都必须规划一定比例的土地用于绿化、植树和种草，并由业主负责自费维护管理。

野生小动物是不怕人的，广场和路边橡树上的松鼠随处可见，它们上蹿下跳，不时来到地面找点果子吃，有时候还和人们进行互动。大雁、鸽子等小动物随处可见，还有不知名的水鸟，或水边，或草坪，或广场，它们三五成群，悠闲地踱着步子，享受着快乐的时光，一切都显得如此和谐自然。

其实，美国20世纪初也饱受大气污染、雾霾的困扰，之后通过制定法律、建立监管机构、提高技术水平、采用经济激励、调动公众参与等措施，持之以恒、坚持不懈地落实，逐步改善了生态环境，才使美国今天有如此美好的环境，值得我们学习借鉴。

三、人文素养较高

在公共场合，自觉排队都是正常的。每个人都遵守秩序，排队付款、井然有序，没有故意插队的，也没有拥挤不堪的场面。到购物中心购物，年轻的店员很热心，帮着介绍商品和提供服务，当知道我们是中国人后，他很快就从嘴里蹦出了不算标准的中文“你好”。

纳税成为一种自觉行为。富兰克林曾经说过，只有两件事是不可避免的，一个是纳税，另一个是死亡。在美国，凡购物必纳税。无论在大的商场、超市还是设在公寓内的杂货店，只要你去买东西，就要在商品价格之外按一定的比率支付税金，这个比率是各州自己制定的，各有不同。购物时，价格有时是可以商量的，但税率是绝对不容置疑的。在人们的包里，常常装着纳税申报表及各种税款统计表。

自觉遵守交通规则。无论在多宽或多窄的路口，有红绿灯或无红绿灯的路口，无论是行人还是司机都自觉遵守交通规则，而且永远都是车让行人。在国内已经习惯了行人让车，乍到美国有时候还不习惯，看见车辆来了，就等它们先过。而车辆则远远停下来，等行人先过，这里的车辆都很有耐心。美国车辆很多，车辆是出行的主要交通工具，大家都能严格遵守交通规则，即使在闹市区，也是顺序而行，少有争先抢行加塞的行为，不像国内有些司机，总是一副急急忙忙、争先恐后的样子。美国人开车按喇叭的极少，我们此行印象中没有遇到过。特别让人印象深刻的一点，在居民不算集中的郊区，马路的十字路口的红绿灯没有自动计时，绿灯长亮，车辆一直都在快速地通行。行人要过马路怎么办呢？解决的方法是：在路口的行人通道处设置了一个按键，当有行人要过马路时，主动按一下按键，马路上的绿灯则变成红灯，车辆停止通行，行人就可以过马路了，这使得车辆和行人通行效率都提高很多，设置极为科学和人性化。

我们访问的普林斯顿大学，给人的感觉像是一个美丽的大公园，校门极为普通，很不显眼，甚至都没有一户家庭的大门气派，门口没有保安和传达人员，学生、市民、游人都可以自由出入。校园里的树很高、很粗，一个人都搂不过来，草坪茂密而且修整得很干净，可以随意在草坪上面走路、坐卧，随处可见小孩子在宽敞的校园草坪上自由玩耍。也有很多年轻人在校园的路上跑步锻炼。校园的建筑有的是红砖尖顶、有的是青砖尖顶，有的小巧别致、有的宏伟壮观，到处都透露着精雕细琢。即便是近几十年的建筑也给人一种厚重感。校园内遍地绿茵如毯、绿树成荫，宁静美丽，充满着秀色和翠绿，开阔的校园似乎走不到尽头。

美国人热情友好，如果向他们问路，都会很热情地回答你。看到我们在旁边拍照，总是主动过来帮忙拍合照。在街上散步，当与美国人擦身而过时，往往能听到他们礼貌地跟你打招呼，这种文明的举止和言行让笔者在异国他乡也感受到了温暖。

四、“顾客至上”得到充分体现

一是自由退换货制度。在美国，购买东西在3～6个月内可以自由退换，有的甚至更长，不需要任何理由，也不管商品是否拆封、使用甚至已经过期，你都可以退换，真正做到了“无条件退换货”。我们多次操作，屡试不爽。而在中国、新加坡、法国等国家是7～14天可以退换货，但一般均“不接受包装盒已被开封的商品”。当然没有商人会做亏本的买卖。事实上，这种退换货政策早已成为美国零售商吸引顾客、增加销量的惯用伎俩。奢侈品百货公司 Neiman Marcus 的前任总裁 Stanley Marcus 在 *Minding the Store* 一书中就提到过他遇到的一个例子：一位女士在 Neiman Marcus 买了一件高档晚装，不久后又拿着已经面目全非的裙子回到店里要求退货。店员爽快地退回了175美元，而这位顾客后来成了这家店的忠实主顾，累计消费超过50万美元。

二是自我权益的维护方面。在美国，如果你感觉到自己的权益受到损害，可以提出抗议。如在排队过程中，有人加塞，你可以告诉他，你是排在前面的，让他到后面去，一般来说，他会连连道歉，并站到后面。因为他知道，如果无理取闹后果会很严重，他的行为已经违法。面对态度不友好的服务人员，你可以要求他态度好一点，否则你可以要求老板另派一个人来为你服务，这对他来说，后果是很严重的。

三是美国的信息服务很完备。在每个城市都设有信息中心，地铁站、加油站、参观点、部门内都设有信息点，在那里，摆放着各种信息资料，包括地图、交通图，各种车次时刻表、城市介绍、机构介绍、办理业务流程等，版本有汉语、英语、日语、法语、西班牙语等，全部免费提供，这给来参观、旅游、办事的人们提供了很大的便利条件。标志着美国独立解放的和平钟等景观不仅免费对公众开放，而且还用德语、英语、法语、汉语等 6 种语言系统，根据需要对不同人群播放。

五、基础设施先进完善

公共服务配套齐全，建有大量的博物馆、展览馆、图书馆及多层停车场，设置了室内外运动健身场所。在细节处考虑很周到，做得很完善。例如，凡是有人居住的地方，水、电、气等各类设施都会铺设到位。公厕随处可见，卫生洁净，冷热水齐全，人性化设施齐全，大多设有包裹婴儿的小台子。高速公路非常发达，都是电子收费。公路和市政道路排水系统，一般都对排水处的路牙石下断面做沟槽处理，并与路面排水网相衔接，大大提高了路面的排水效能。通过植树、雨水花园、洼地、可渗透的人行道等“绿色”基础设施对雨水进行过滤和储存。不管是公路还是城市道路，包括城市人行道和两边的路边石，都是水泥修砌的，有的甚至就是土路，没有用大理石板、木板、石板等铺设的，也没有镶贴诸如瓷砖等装饰物，给人以质朴、自然、实用的感觉。

六、美国存在许多社会问题

首先，美国的老龄化现象非常严重，到处可见蹒跚走路的孤独的老年人。为了减轻社会养老压力，美国政府鼓励老年人出来工作，所以我们在许多岗位上都能看到老年人。如给我们授课的老师中就有年龄已超过70岁的老教授。同时，在售货员等服务性行业更是常见老年人在提供服务。其次，流浪人群成为美国的一个难以解决的社会问题。大街小巷、地铁上、广场上经常可见流浪汉的身影，甚至许多城市的市中心广场已经成了流浪汉聚居区。乘车或者在城市里行走，经常可见乞讨者站在马路边，手中举着一张写有求助字样的牌子。美国政府每月给失业者发放一定数额的救济金，这助长了一些失业者的惰性，他们索性不再去上班。纳税人特别是中产阶级对此意见较大。最后，社会治安状况严峻。美国法律允许家庭和个人持有枪支。因此，一些地区枪支泛滥，持枪抢劫、枪杀事件时常发生，由于受国际金融危机的影响，美国失业人口剧增，社会上产生了一种恐慌情绪，因此也使美国的流浪现象和社会治安状况更加严峻。另外，还有其他诸如失业、移民政策饱受诟病、政府工作效率较低等问题。

总之，此次美国之行，见闻很多，其中有许多值得我们深思的东西，中国实现真正意义上的富强还有很长的一段路要走。美国的现象是在特殊的国情下产生的，有些值得我们借鉴，但有些照搬过来也不适合我国国情。让我们共同努力，进一步增强“四个意识”，坚持“四个自信”，重整行装再出发，为实现中华民族伟大复兴的“中国梦”共同奋斗。

关于西班牙、意大利乡村旅游发展考察报告

山东省人民政府研究室　黄竞男

2017 年 9 月 10—17 日，随山东省乡村旅游带头人精准交流团，赴西班牙、意大利就乡村旅游发展情况进行学习考察。主要实地考察了西班牙赛戈维亚村、托莱多古镇、昆卡小镇，意大利五渔村、比萨镇、锡耶纳镇、皮恩扎镇、奥尔维耶托镇等乡村旅游特色镇，与当地乡村旅游从业人员就乡村文化遗产保护开发、古村传统文化、乡村客栈、旅游餐饮、传统手工艺发展等进行学习交流。其间，访问了西班牙马德里大区政府，拜会了马德里大区政府欧盟事务与国际合作部门外事部部长丹尼尔·塞斯·阿尔瓦雷斯，交流两国乡村旅游业发展经验。与西班牙托莱多旅游局、意大利朗格旅游局等政府机构开展座谈，听取其利用自身优势推广特色产品经验介绍。大家一致认为，这次考察交流主题突出、行程紧凑、效果明显、收获颇丰。

一、西班牙、意大利乡村旅游业的主要特点

乡村旅游源于西欧国家贵族到乡下的休闲度假，经过 100 多年的发展，已经相对成熟，尤其是在西班牙、意大利、法国等国家和地区，在政府的大力支持和推动下，乡村旅游已经成为当地重要的经济文化现象，成为高端的休闲度假产品，并逐渐形成了以阿尔卑

斯山脉核心景区，马德里、罗马、米兰、巴黎大城市周边、地中海国际度假区等为依托的乡村旅游聚集带。总体来说，西班牙、意大利两个国家乡村旅游业的发展模式和侧重点不尽相同，但都呈现出以下特征：

一是特色融入化。在西班牙、意大利的乡村旅游发展规划中，乡村旅游不仅是一种经济的发展和振兴手段，更是一种文化传承和保护的途径。西班牙鼓励传统社会文化成为旅游产品，启动了一些对当地社区的教育培训和文化恢复计划，如农业部门收集和整理了传统食谱，教育部门和旅游部门合作发展了民间歌舞、传统手工艺、音乐。意大利的城堡和古建筑也是一种重要的文化体验旅游产品，古建筑、历史遗迹点和城市新区大多分离，这样古建筑集中区和广大的乡村地区，不但保存有旅游、文化、科教、修学的多种价值，而且功能互补、相生相融，使乡村成为多样化文化传承的载体和空间选择，传递了与城市完全不同的乡村意境，保持了乡村旅游的独特魅力。

二是主体组织化。即经营主体联合营销、联合开发或实现公司化经营。意大利的“农户 + 企业 + 协会 + 政府”发展模式，引入行业协会组织形式，通过企业、协会连接各个农户，统一开发产品和推广营销。西班牙的乡村旅游协会（ASETUR）是一个民间的联合体，它把很多经营乡村旅游的业主自发地联合起来，进行统一的营销推广，并自行规定了很多标准，要求会员执行。

三是业态多元化。欧洲大部分乡村旅游项目都是综合型、多元化，凸显了体验性、互动性、文化性和特色性，适合不同旅游消费人群的需求。在西班牙，乡村旅游项目大都包含乡村美味、乡村农业文化体验和教育、乡村农产品展览和购物、乡村传统活动等多种业态。意大利农场旅游包括农场度假、农场观光、乡村户外运动、乡村美食旅游。乡村旅游与其他产业的融合更是催生出新的产品和业态，成功的案例包括西班牙城堡乡村饭店、意大利的葡萄酒庄园等。

四是服务标准化。实行服务标准以保障游客合法权益是各国通行的做法。意大利农业协会采用登记认证方式，凡经检验合格者，颁发度假农场认证标章，并由经济部、财政部等负责后续认证工作的推行。西班牙法律规定对乡村旅馆必须是具有 50 年以上历史的老房子，而且最多提供 10 ~ 15 个房间，开业需要申请，经过政府审核合格，才发给开业许可证。国内很多省市也出台了各类乡村旅游相关规范、标准，成为提升服务水平的重要抓手。

五是区域品牌化。乡村旅游在起步阶段，一般以近郊旅游为主，客源为附近城市的居民。随着规模的扩大，外地游客甚至国际游客成为重要客源，立足本地特色，打造风格各异的区域品牌日益重要。如意大利打造的特色农场成为知名度很高的乡村旅游品牌；西班牙采用米罗标志则是世界旅游历史上独一无二的做法，此标志已使用了超过 30 年，认可度非常高，已成为西班牙旅游品牌甚至西班牙的形象代表。

二、西班牙、意大利推动旅游业发展的经验做法

西班牙、意大利旅游资源丰富，是欧洲乡村旅游的发源地，拥有许多王宫、教堂和城堡，还有许多古老的、独特的、民族的文化传统和别具一格的民族文化娱乐活动。2016 年，西班牙接待国际游客 7520 万人次，居世界第 3 位；旅游外汇收入 770 亿欧元，居世界第 3 位。中国游客前往西班牙的人数也在不断稳步增长中，最近几年涨势迅速惊人，平均停留 9.4 天。意大利则成为欧洲最受欢迎的旅游目的地。这些成绩的取得，与西班牙、意大利高度重视旅游业

是分不开的。

（一）充分发挥政府主导作用

西班牙、意大利把乡村旅游作为政治任务或公益事业来发展，主动谋划，不同程度地采取了一些促进措施，积极发挥政府旅游和农业等职能部门的组织、规划、协调、宣传、推动的作用。如西班牙，每个地区政府都有相关乡村旅游的立法，从立法上确定乡村旅游的地位；西班牙国家和地方政府还就乡村旅游制定了很多标准，其中有一些是必须执行的强制性标准，从而从标准上确保西班牙乡村旅游的质量。意大利成立了农村旅游发展协会和农村政策委员会，协调农村发展尺度，推进农村资源的有效配置；开展乡村旅游可以享受政府的有关农业低息优惠信贷和税收减免政策；还对全国各地重要农业旅游资源进行了统一评估和协调，以便各地能充分发挥区域地方特色，避免同质化竞争。

（二）坚持农业主体地位

西方国家普遍认为，乡村旅游是多事业系统推进的结果，是乡村传统农业的替代产业，因此要针对不同地区的特色和优势进行开发利用。西班牙的乡村旅游大多定位于“农业开展多种经营的一个方面”层面，乡村旅游紧密依托于农业生产活动的开展，虽然农业为了开展旅游又进行了有针对性的建设，但农业的主体地位并没有被削弱，农业生产本身可能为了方便旅游观光进行了一些必要调整，但这种调整并没有改变农业生产的性质。意大利政府规定，接待游客用房必须是非农业生产活动用房；游客的食物全部或大部分必须是本农场或当地农场的产品；乡村旅游应以从事农业活动为主要内容；乡村旅游主要利用农场的现有资源和条件，允许维修原有的庄园或别墅。

（三）不断优化旅游环境

生态化的自然环境是乡村旅游发展最重要的前提和保证。乡村旅游在意大利被称为“绿色假期”，早在1996年，意大利全国20个行政大区就已全部开展了乡村旅游活动，尤以托斯卡那大区更为突出，每年接待国内外农业旅游者达20万人次。意大利将乡村旅游与现代化的农业和优美的自然环境、多姿多彩的民风民俗、新型生态环境及其他社会现象融合在一起，成为一个综合性项目，对农村资源的综合开发和利用、改善城乡关系，起到了非常重要的纽带作用。

三、加快山东省乡村旅游业发展的政策建议

考察后我们认为，西班牙、意大利乡村旅游之所以搞得好，除了较长的发展历程、优美的自然风貌，更为关键的是准确的发展定位、先进的经营理念以及充满活力的创新体系。山东省乡村旅游业发展既要发挥市场作用，也要强化政策引导，从农村实际和乡村旅游市场需求出发，结合扶贫开发、文明生态村建设和旅游小镇建设，在保护的前提下，因地制宜、把握重点，实现乡村旅游转型升级、提质增效，充分发挥其在新旧动能转换中的重要作用。

（一）丰富文化内涵

借鉴西班牙等乡村旅游发达国家“以利用促保护”的办法，加大对古村落、古街区、古民居等的保护利用，推出一批古村落度假村、古民居精品民宿。依托历史文化生态资源，融入现代科技，打造一批画家村、美食村、影视村、健身休闲村。充分挖掘农耕文化资源，利用农民传统的生产和生活方式，推出一批体现山东特色的文化生态博物馆、慢生活村落、乡村慢城，打造一批山会、庙会、乡村大集等精品乡村文化活动。乡村旅游点引入吕剧、柳琴、梆子、

山东评书等艺术形式，丰富游客的文化生活。

（二）完善基础设施

围绕提供便利化、专业化、人性化服务，强化重点景区、机场、车站、港口等旅游服务和集散功能，实现与城市、景区交通的无缝衔接，解决好游客到景区“最后一公里”问题。加大乡村旅游聚集区内垃圾污水处理、种养殖污染防治，重点解决集聚区内上下水、供暖、供气等核心问题。乡村旅游点公共厕所建设纳入厕所革命范畴，加快完善乡村旅游点交通标识设置，优先开通市区到乡村旅游点的公交巴士。

（三）推动规模化发展

山东省乡村旅游点多面广、“遍地开花”，具有成方连片发展的基础，因而要集中力量打造乡村旅游产业集聚区。在山东省建成培育一批居民宜居、宜游、宜业的环城市游憩带，全面推进山东省环城市游憩带提档升级。突出景区的辐射带动功能，重点培育打造东方圣地腹地、仙境海岸沿线、黄河和运河沿岸以及泰山、崂山周边乡村旅游连绵带。选择省级以上中心镇、重点镇以及产业要素完备、发展潜力巨大的片区，规划建设以旅游休闲产业为主导，带动第一、第二、第三产业融合发展，开发建设特色鲜明、富有活力的生态旅游、商贸物流、现代制造、教育科技、传统文化、美丽宜居的特色旅游小镇。支持依托小镇及周边区域，培育富有乡村慢生活元素的休闲观光、康体养生、农事体验旅游区。

（四）提高组织化程度

坚持农民主体与吸引社会资本投入相结合，全面推广“村庄＋农户”“合作社＋农户”“大企业＋农户”等发展模式，引导农民发展乡村旅游专业合作组织，采取入股、参股、合作等方式，对乡村旅游资源实施整体开发。一是“村庄＋农户”。鼓励村委会成立公司或合作社，吸收农户参与，统一标准，统一管理，将分散的生产要素集中起来合理配置，提高经营主体组织化水平。二是“合作社＋农户”。因地制宜、因势利导，鼓励经营主体开展多种形式的股份合作和合营，引导和支持兴办多元化、多类型的合作社，并通过合作社之间再联合再合作，拓展服务网络，实现农民由分散、零散的旅游接待变为统一分配客源、统一标准、统一营销、统一品牌等组织化经营和规范化管理。三是“大企业＋农户”。实施优惠政策，吸引国内外知名的旅游企业和支持省内有实力的旅游公司成方连片进行开发并连锁连营，农民以资源入股、资金入股、以工代资或以劳动力转化为股份等多种形式参与。

（五）发挥中介作用

作为起步较晚的行业，要跟上发展步伐，实现后发赶超，特别需要政府的扶持和引导。但在具体方式上，应该更多运用市场而非行政手段来实现。建议进一步深化旅游管理体制机制改革，加快转变政府职能，凡是社会能办好的，应尽可能交给社会力量来承担，旅游行政部门重点做好行业监管、政策引导和公共服务等工作，并通过购买服务等方式，对社会力量参与旅游公共服务给予相应的扶持。要加快推进政企分开、政事分开，引导各类行业协会、社会中介组织与行政部门彻底脱钩，真正成为独立的市场主体，在加强行业自律、创新行业管理、开展经营模式创新等方面发挥更大的作用。

（六）加强教育培训

重点培养乡村旅游经营户、带头人、能工巧匠传承人和乡村旅游干部四类人才。着力提高从业者在经营服务、食品安全卫生、接待礼仪、餐饮和客房服务、乡村文化讲解等方面的素质和技能，提高当地干部和业主在项目开发、管理、促销等方面的专业知识培训。

在继续实施乡村旅游带头人到国外交流培训的基础上，制定具体的人才培训规划，积极与教育、农业、人社、民政等部门人才培养对口合作，共同实施和推进。实施乡村旅游“送智下乡”工程，组织省内高校旅游院系师生到乡村旅游点对口帮扶。还要注重吸引有国际视野和国际水准的投资商和职业经理人开发运营乡村旅游项目，在管理过程中培养专业人才。

山东省乡村旅游带头人赴日本精准交流团考察报告

山东省人民政府研究室　山军勇

2017 年 9 月 3—7 日，山东省乡村旅游带头人赴日本精准交流考察团一行 64 人，先后到日本京都的美山町、岐阜县飞驒市白川乡合掌村、飞驒市驻地古川町、和歌山县田辺市上秋津野等地，就当地农村地区旅游项目开发进行了实地考察。考察期间，我们分别请了南丹市观光局、飞驒市观光局、和歌山市观光局以及秋津野股份公司等政府部门和经营单位的有关人士，对当地旅游资源开发情况作专门介绍。考察结束回到国内以后，分别来自济南、威海、莱芜、菏泽的几十位乡村旅游带头人，通过不同的方式继续交流考察感受，都表示这一次出国考察不虚此行，思想上深受触动、业务上收获很多。大家纷纷表示，要认真学习借鉴发达国家的经验，结合本地实际加快发展农村旅游事业。现结合对两个考察地点美山町和白川乡的观察与思考，按要求将考察主要行程和有关情况报告如下。

一、从茅草屋到“茅葺之乡”的嬗变——聆听美山町的故事

9 月 3 日下午，考察团一行乘山东省航空公司班机抵达日本大阪关西国际机场，当晚入住阪神大酒店。4 日上午，我们到达赴日本进行精准交流的第一站，来到京都府南丹市的美山町・北村考察。

1. “茅葺之乡”。美山町位于京都北方约60千米处，是一处保持着浓郁农村风貌的市镇，土地面积340.47平方千米，人口3395人。镇子四周全是广袤的山林，森林覆盖率高达96%。一条来自大山深处名叫“由良川”的山溪，自市镇中部静静地流过，支撑着当地“芦生森林”的生态系统；如果包括支流在内，有多达57个村落沿着这条河流聚居。美山地区气候多雨、潮湿，一年当中晴天的日子少之又少，年平均气温仅为13摄氏度左右，降雨量1509毫米。特别是在每年1月、2月的降雪期，村头田间积雪平均厚度达0.5米，深山积雪厚达2米。正是这种独特的气候条件，造就了独特的“茅葺民居”，美山町的北村，据说是日本传统民居保存比较完好的典型地区，被誉为“古日本风貌之乡”。慕名来访的考察团一行，在村民的带领下饶有兴致地参观了这个小小的村落。我们发现，村子里到处可见一种当地称为“茅葺民家”的草房，这种民居之所以被叫作“茅葺”，是因为其屋顶主要由芒草、禾秆等植物筑成。

据村民们介绍，被称为“茅葺之乡”（意指茅草屋的故乡）的北村，现有的50处民居，仍有38个是“茅葺民家”。1993年，美山町被日本选定为“国家保存地区”，即重要传统建筑物群保存地区，其理由就是这里完整保留了日本最地道的农村传统生活风貌及景观，而且主要是由于保存了许多充满历史痕迹的茅草屋。这些“北山型农家住宅”在150~200年前建造，大多建在平缓的山前坡地上，全都朝着同一方向，如同经过市容规划一样。据建筑学专家考证，在以往，类似的茅草屋常见于京都北部或滋贺县与被称为日本海玄关的若狭小洪所相联结的地区，但经历时代变迁之后，特别是近年来茅草屋的数量正急剧减少。美山町茅草屋的情况也一度不容乐观，总数超过1700户的住家中，茅草屋最多曾达200户，但从现存的数量来看，很多已经看不到了。面对迅速消失的茅草屋，多数居民都意识到了传统民居保存的重要性，开始与政府部门携手努力保护这些建筑物群。

一路走来一路看，看得多了就会发现，这里所有的茅草房舍在结构上大同小异。这些日本江户时代的建筑，无论墙壁或门户，材质皆为木头。在客厅里一般会设置炭火炉，是当时生活的人家就围坐着吃饭、聊天的地方。而厨房里，则使用传统的灶炉来料理食物。另外，有的地方还可以看到相当珍贵的江户时代的浴室遗存。不少农舍里展示着过去使用的农机器具和林场作业工具，在仓库里则陈列着以前的日用品和古代文书等物品。主人们很为自己的家乡感到骄傲，认为北村虽然地处僻静的大山之中，但是四时光景颇具特点，这也是吸引人们前来观光的一个重要理由。热情的村民向我们介绍，春季是美山町的樱花及其他百花繁盛的季节，但到了 5 月，播了秧的稻田又会呈现出另一种风味。夏日，村前的清流小溪有时可以看到香鱼的踪迹。到夏秋之际，绿色无公害菜蔬就开始在村庄上市了，而入秋之后，满山又都是引人入胜的红叶，这时也是来北村观光客最多的时节。在收割后的稻田里，则竖立着干稻草。冬季的北村，细雪纷飞，呈现出如同水墨画般的雪景，让人感受到特别优雅的景象。此外，北村还拥有一系列其他不可多得的旅游资源。例如，美山町东部就有一大片广阔的森林，被京都大学用于“芦生研究”，面积达 4200 公顷，保育了很多高壮的树木，如山毛榉、水楢、橡树、桂木等。另外，森林里还有很多野生动物，如熊、髭羚、鹿、野猪。近年来，芦生森林渐成国家公园之一。又如，日本料理游客能在这里品尝到传统农村风味的“和食”、锅菜、鹿肉菜、美山牛奶产品等。

在参观过程中，我们注意到，“茅葺”村庄虽小，但是建有专业的民俗资料馆、美术馆。北村的主人介绍说，这主要是为了便于游客一来到这里，就可以通过查阅资料来了解到日本的传统生活大体是什么样子。即便是一些行程比较匆忙的游客，虽然没有足够的时间仔细考察，至少可以通过参观这些地方，对美山町留下深刻的印象。这些边角的见闻，也不由得引来考察团里的一阵阵赞叹。

2. 美山町旅游业历史和发展历程。9 月 4 日下午，按照既定行程，考察团到河鹿庄听取了南丹市观光委员会神田卫先生的讲解，回顾了美山町由茅草屋兑变成旅游胜地“茅葺之乡”的过程。

美山町旅游业的起源。据神田卫先生介绍，美山町的旅游产业当初纯粹是因为农村地区的衰落。全日本农村的衰落，大体都是始于东京 1964 年承办奥运会到 1973 年这十年高增长期。一方面，很多年轻人到城市发展，造成农村人口极端化；另一方面，在资源利用方面，当时普遍开始“气代柴”，因为国家为保护森林资源，实行了进口木材、进口石油的替代政策，这对于林业为主的美山町产业经营来说也是不小的打击。

神田以美山町北村为例简要介绍了有关情况。这个小村子距离京都不远，只有约一个半小时的车程。在当时日本经济迅速发展的年代，由于农作物伤害、老龄化加剧和少子化突出（2016 年仅有 9 个小孩出生）等不利境况下，如何发展成为北村面临的一个重大问题，这也是当时日本许多没落乡村的普遍性问题。但是北村看到了自身的潜力和优势，最基本的，就是全村 50 户人家有 38 户民居用茅草建成，最早的建于 1792 年，有 200 多年的历史，在日本能看到的原风貌也就在这里。确定开发旅游资源以来，连年有大型会议在这里召开，每年观光客达到 90 万人次。神田卫强调说，下一步，北村仍将把旅游产业作为重点来发展。

美山町旅游业发展阶段和主要措施。整体来看，美山町的发展历程构成了经济快速发展情况下，农村地区走向衰落的一个缩影——最初只有几间茅草屋和几亩稻田，就是当时这些村庄的大致景象。

所以，在美山町发展的初始阶段，他们首先采取的政策是进行村庄合并。现在的美山町，是在 1955 年由知井、平屋、宫岛、鹤冈、大野五个村庄合并而成的，目前人口规模有 1 万人左右，当时的主业也就是伐木和耕作。就连现在美山町所从属的南丹市，也是新生的城市，在 2006 年“平成大合并”中，日吉町、园部町、八木町并入了南丹市。合并的目的其实很简单，就是为了达到一定的人口规模、土地规模，以争取国家的政策扶持。

第二个阶段，随之采取的措施是进行土地的整合。整合的土地交由大机构管理，每个村落都举办协会。据说这项工作启动十分不易，收到很多村民的投诉。由于意见很难统一，像北山村这样的地方，全村 12 块私人田地，只有 8 块用于合并。当时各个协会开会的主要议题，几乎都集中在讨论怎么分配资源上。但土地整合的好处也是显而易见的，以前手工作业的开始换成大型机械来耕作，大大提高了劳动效率。同时，农村地区的上、下水等基础设施也开始兴建，费用投入按照国家 50%、京都府 20%、县 10% 的比例来分摊。据神田卫介绍，协会开了很多的会，这也是统一村民的思想和解决问题的过程。

同时，为启动市场，他们开始与京都等大都市的消费者协会进行接触，把 1990 年作为美山町开发建设的元年，成立了城市与农村的交流机构。1990 年日本有一项政策，在 3000 人以上的农村建设，国家可以一次性拨付 1 亿日元的经费资助。据说，当时高知县用这些经费制作了一个金鱼，也有的地方制作了自由女神像等。各地的出发点都是要力争制造“全日本第一”的名产，以利于产生热点效应。美山町并没有随波逐流，而是将国家拨付的经费主要用在建设小饭店、小餐厅等民用设施上，再就是用到修筑道路基础设施上。

到 1992 年，美山町的建设已经小有名气，而且被评为当年日本的“美丽乡村农林水产大臣奖”，还获得了一个国家级的建设奖，以及京都府设立的“简约奖”，这都充分表明当时美山町的建设路子走对了。

第三个阶段，进入“观光时代”。日本出现经济泡沫的时期，城里人下乡买房最热的时候，美山町却不能卖，中间的原因很复杂，主要是因为土地已经成为集体财产。对于这个问题，当时从国家层面提出了一个第三组合（国家、地区、村代表）的解决方案。在这种情况下，仍有很多外来人口入住美山町。但正是这些外来人口进入以后，主要得益于他们提出的保护本地自然风光和文化的建议，一系列的重大措施才得以采取。

神田卫介绍到这里，有点不无调侃地说，当时本地人过于麻木，并没有想到他们早该想到的这一点。

这些建议包括提出观光旅游的观念。美山町开始建设咖啡厅、美术馆、民俗馆。1993 年，美山町被评为国家重要保护地区。1995 年又成立了农协，其中一个重要政策是公民可以存款到协会，也就是说，协会类似于金融机构会具有吸纳存款的功能。现在，美山町更加支持旅游区内个体产业的发展，鼓励个人出资建设实体店和经营平台。

为了打造观光旅游，当地人也想尽了各种办法。例如，由于 2000 年北村的资料馆遭遇火灾焚毁，2002 年重建时配套建成了一系列灭火设施。这些设施每年的 5 月和 10 月都需要分别进行一次灭火演练，有很强的观赏性，他们顺势将之打造成为景区内观光的一个重要表演项目。又如，每年 12 月北村都有长达 2 周的灯会活动，白雪茫茫的山间农舍，盏盏灯火交相辉映点缀其间，构造出一个童话般的世界。

基础设施的改善也是带动旅游业发展的一个重要条件。从人口来说，当时日本中央政府出资支持建设的市，一般需要达到 5 万人口的下限，这对于这个地方发展旅游所需的基础设施建设来说显然是一个不利因素。因为南丹市虽然也称为市，但人口显然太少，只有 3 万人口。加之村落趋于消亡，全市原有 3300 个村庄，现在只有 1700 个。南丹市本身又属于新合并成立的城市，因此并不出名，合并村镇带来的好处显而易见，2006 年在合并了临近其他地区的三个町之后，才终于在中央政府的支持下连通了网络。

当然，他们也非常重视各种大型的活动带来的益处。例如，一些国民体育大会就经常在这里召开。还有一个是登山活动，由京都府管理，也经常动员到这里举办。

在打造观光旅游的过程中，有一个长期困扰经营者的问题，就是游客中“来了就走”的很多，很少能在此居留。他们分析后认为主要还是因为当地能看的项目太少。下一步的目标，一是促进游客滞留时间延长，二是推动宿留游客人数增加，三是力求地域内“调达率”上升，四是提高体验交流质量，五是着力增加雇员各项收入，六是想办法使定居者增加。围绕以上目标，有关方面曾经开展了一次民意调查，结果显示，最能吸引游客的首先是美食，其次是购物，而不仅仅是观光。随后还推出了一村一品、住、玩等其他方面的系列目标。

二、围绕世界遗产集聚优质要素——寻访白山乡转型轨迹

9 月 5 日上午，作为精准交流的第二站，我们来到岐阜县白山山麓的白川乡合掌村，主要参观考察这里被评为世界物质文化遗产的“合掌造”项目。接待我们的是一位当地的年轻人，姓尾野氏，是一

个很善于讲故事的人。

1. “合掌屋”是上天赐予的礼物。尾野介绍说，白川乡的合掌村名副其实，就是一个以“合掌造”闻名于世的村子，用茅草建成的屋顶形状如同合起来的手掌的屋舍，与美山茅屋结构型制大致相同。附近还有其他几个地方也有类似的建筑，但是都不如这儿保存得完好。这里的“合掌屋”还有两个其他地方无法比拟的特点，一是数量最多最集中，二是构造最为复杂。这都是使合掌村更具吸引力的要素。当然还有一个更为重要的因素——它是日本为数不多的世界文化遗产。

合掌村开始引起人们的注意始于20世纪40年代，1935年5月，德国建筑学家布鲁诺造访白川乡，一下子被这种独特的建筑所吸引。后来正是经由他的《再次发现日本》一书，让白川乡的“合掌造”得以蜚声世界。

2. 在困境中看到发展转机。但促使白川乡以“合掌屋”为代表的旅游观光业发展的起因，并不是因为以上名气和光环。从现在来看，主要是因为村民们在发展方面，甚或说在生存方面面临着两个方面的“危险”。第一个“危险”是，在战后高速增长期，白川乡一度变得十分荒芜，合掌文化遗存面临消失的危险。因此，本地人行动起来，要采取措施保护祖传的文化。

第二个“危险”是发展停滞。在20世纪70年代世博会时代，与日本其他地区类似，白川乡在发展上也面临一系列的难题。首先是因为老年人口在增多，人均寿命男性达到84岁，女性达到87岁，呈现出老龄化严重的特点。其次，也是由于年轻人口在经济飞速发展的状态下严重外流，农村人口呈现过疏化特点。最后，在日本社会资源危机意识的高涨，经济发展面临环境“瓶颈”制约。在这样的大环境下，要克服经济停滞，就需要利用好自身的资源优势。居民对文化遗产资源的认识趋于一致，资源保护意识进一步增强。1973 年，日本文化主管部门到前述美山町地区考察当地的茅草屋，文化保护意识更加得到强化，认为再不对这一遗迹进行保护就将走进历史，从此合掌村的合掌屋被也纳入文化保护之中。

尾野认为，合掌村文化遗产保护最重要的措施，其实就是力求保持原状，或尽可能恢复原貌。从前，由于地理位置比较偏僻，白川乡的老百姓很穷，通过树桑养蚕赖以糊口的人家很多，现在全日本这项技艺能保留下来的也只有这个地方了。合掌村现有的 140 栋合掌屋，一般为大家族聚居，多的能住 20 多人，现在有的还是三代同堂。现在合掌屋多利用成了便利店、洗手间等。与美山町的单层“合掌屋”不同，这里的多为多层，一楼用于居住，二楼用于养蚕。后来养蚕的人家很多一度也不养了，现在因为旅游业的原因又考虑恢复旧有的景象，于是就从群马县再次引进。以前这里的居民还有个养家糊口的生意，就是在房前的地下室内制作火药，现在这个场面也因为发展旅游业的缘故在旧址上恢复了过来。

3. 凝聚优质资源，形成综合优势，是白川旅游长盛不衰的不二法门。白川乡的开发始于 20 世纪 70 年代，1976 年成为国家级文化遗产，1995 年又成为世界文化遗产，从日本国内的遗产排名来看，京都排第 5 位，白川排第 6 位（全国共 21 处），应当说从景区名气上看，在日本全国都比较靠前。所以，白川开发重点始终坚持以旅游观光项目为主。但白川的优势不仅是因为有“合掌屋”的缘故，更因为此地风景优美，被誉为日本的世外桃源。因此，来白川观光的游客原本就不算少，早期每年游客也能达到 27 万～30 万人次。

四季不同的景致，每年的防水训练表演和冬季童话般的点灯活动以及兼具观光和体验的民宿项目，已经交织成为白川乡吸引各地游客络绎不绝的新特色。现在白川游客每年已达 180 万人次左右，其中外国游客56万人次。从满足游客体验的角度看，这里有50余户民宅可供民宿使用，保存完好的房子中甚至有早到1796年日本江户时代的茅屋，保留了日本古代农村宁静的生活特征。白川最吸引人的当属冬季，平均气温在零下5摄氏度左右，积雪可达2米。11月前后树叶就将由现在的黄色变为红色，到了夜晚，满天星光，空中萤火虫。到了春天则是樱花的季节，流淌着清澈的雪水。

尾野强调，白川人在发展过程中已经意识到，四季变化固然景色宜人，但只有四周环境一体方能使白川成为真正的世界遗产。他们还认为，作为旅游胜地，还应当让老百姓感到生活上的方便——缺少以上任何一点都不可能成为世界遗产，当然还包括人与人、人与自然的和谐关系。白川的人们还不无前瞻性地看到，如果将来子孙不懂得继承传统，老一辈也将无能为力，这就需要搞好对下一代的教育，包括教会他们怎么修房顶等事情，绝不能使这个手艺失传。他们认为，作为事业的继承者，只有从小学会了技艺，将来才能保持下去。由此可见，白川乡在发展旅游产业的过程中，采取的是一种软、硬环境不可偏废的策略，把“合掌造”这一“世遗”品牌作为核心要素，在自然环境、人文环境营造方面下足了功夫。

同美山町的情况一样，白川旅游业的发展也离不开中央政府和府、市各级在政策和资金等方面的支持。例如，白川乡的茅草屋顶平均20年更换一次，费用800万~1000万日元，其中七成以上由政府承担，一成由当地组织承担，居民只承担一成不到的比例。

三、观感体会

除了美山与白川这两个地方，考察团一行还于9月5日下午访问了飞驒市古川町。古川町是飞驒市政府驻地，在这里主要察看了古川町富有地方特色的老街道，还参观了两处本地清酒酿造厂，并到古川祭会馆等景观进行了短暂考察。9月6日上午，考察团到和歌山市秋津野参观访问，下午听取和歌山市观光局和秋津野股份公司介绍有关情况，然后到和歌山市的“黑潮市场”参观。考察团在7日结束赴日精准交流行程安全回到国内。

在日本考察期间，全体团员遵守政治纪律、保守国家秘密，团结合作、相互帮助，展现了良好的精神风貌；大家都自觉遵守尊重目的地国家的法律法规和风俗习惯，严格按照省旅游发展委员会的要求和规定线路积极开展各项交流活动，未出现违反规定单独外出的现象，不去无关景区、景点，没有任何与本次精准交流无关的活动安排，圆满完成了交流任务。综观交流过程，我们有以下几点体会。

一是居民对当地文化传统的珍视。日本是一个经济高度发达的国家，但是很多地方并没有因此放弃对传统的保护，特别是在文化资源相对匮乏的乡村地区，这种理念更为强烈。我们到达的几处地点，无论是京都的美山町、岐阜的白川乡、古川町，还是和歌山县的秋津野，当地人对文化资源的传承和保护几乎都达到了巨细靡遗的程度。

二是当地基础设施完备高效。据有关方面介绍，日本虽然也存在一定程度的城乡差别，但相对于发展中国家的状况，基本上可以看作无差别。从我们的观感来看，不少乡村地区的交通状况非常便捷，像美山町、白川等山区都有铁路、高速公路通达。其他基础设施如教育、卫生、社保等也基本实现了城乡无差别化。这些基础设备和条件的完备对于当地旅游产业的发展无疑产生了巨大作用。

三是规划上精心的设计和布局。从美山町的“茅葺民居”和白川乡的“合掌屋”来说，二者具有极其相似的特征，附近一些地区也有类似的资源，很容易形成同质相争、两败俱伤的局面。但是管理当局能够结合各地特点，从大的规划上因地适宜地补充各自不同的异质要素，巧妙地进行总体设计，不但避免了临近行政区同质竞争，而且使这些同质、异质的旅游资源汇聚成强大合力，不能不佩服规划者的匠心。城镇建设很多局部和细节也体现了设计者的精细程度和专业水准，如我们在古川町看到的一些人工水渠，据说为监测水质专门放养了锦鲤，但与其说是用于水质监测，毋宁说是赚取游客的惊叹。又如在一些市镇的街道上专门安装的融雪水喷头让我们不由得心生慨叹，这些做法虽然不是很起眼，但不难想到完全取决于设计者的用心。

四是洁净卫生的自然环境，对大家形成强烈对比和冲击。虽然属于农村地区，但我们到过的这几个地方，自然环境的清洁卫生令人神清目爽。一路看过来，我们充分体会到了日本社会对于资源极其珍惜，对于物尽其用的孜孜追求。全社会动员保持环境卫生，全民动员节约利用资源，垃圾分类达 500 多种。人们认识到，环境是旅游发展的基础，也是能够吸引游客和留住人流的基本要素。

五是温馨亲民的友好氛围。按照库克在 1841 年提出现代意义上的旅游概念，一个地方适合发展旅游业，一是因为吸引力，像美山、白川等地方，几间茅草房，加上青山绿水，加上故事就基本具备了发展旅游业的资本。二是因为可进入，各种交通能够便捷通达，且不能以收取停车费等为目的，而必须以便利服务对象为前提。三是居民友好程度，对于游客来讲，就是要有舒适度，包括从业者的微笑是否发自内心。前面两点对于国内景点来说相对容易，但第三点就需要格外留心。旅游目的地对游客的友好，一方面体现在硬件建设是否合理、合适；另一方面体现在从业人员是否真正热爱他的职业、热爱他的城市，特别是是否真正热爱他的游客。